BIBLIOTHÈQUE CONTEMPORAINE

HENRY HOUSSAYE

ATHÈNES
ROME, PARIS

L'HISTOIRE ET LES MŒURS

PARIS
CALMANN LÉVY, ÉDITEUR
ANCIENNE MAISON MICHEL LÉVY FRÈRES
RUE AUBER, 3, ET BOULEVARD DES ITALIENS, 15
A LA LIBRAIRIE NOUVELLE
—
1879

ATHÈNES, ROME, PARIS

DU MÊME AUTEUR

Histoire d'Alcibiade et de la République athénienne depuis la mort de Périclès jusqu'à l'avènement des Trente Tyrans. *Ouvrage couronné par l'Académie française : Prix Thiers.* 4e édition. Librairie académique Didier, 1874. 2 volumes in-12; prix : 7 francs.

Le Premier Siége de Paris, an 52 avant l'ère chrétienne. Librairie Vaton, 1875. Un volume in-16 avec appendice et carte gravée (épuisé).

Apelles et la peinture grecque. 3e édition. Librairie académique Didier, 1868. Un volume in-12; prix : 3 fr. 50.

Mémoire sur un vase antique du musée du Barbakion, à Athènes. Paris, 1869. Brochure in-8° (épuisé).

L'Antiquité au Salon de 1868. Extrait de *l'Artiste*, in-8°.

Salon de 1877. Extrait de la *Revue des Deux Mondes.* In-8°. (Non mis en vente.)

Voyage autour du monde à l'Exposition universelle de 1878. Extrait de la *Revue des Deux Mondes.* (Non mis en vente.)

EN PRÉPARATION

Histoire de la Conquête de la Grèce par les Romains. 4 volumes in-8°.

L'Art antique et l'Art moderne. Un volume in-8°.

IMPRIMERIE CENTRALE DES CHEMINS DE FER. — A. CHAIX ET Cie, RUE BERGÈRE, 20, A PARIS. — 4202-8.

ATHÈNES
ROME, PARIS

— L'HISTOIRE ET LES MŒURS —

PAR

HENRY HOUSSAYE

PARIS

CALMANN LÉVY, ÉDITEUR

ANCIENNE MAISON MICHEL LÉVY FRÈRES

RUE AUBER, 3, ET BOULEVARD DES ITALIENS, 15

A LA LIBRAIRIE NOUVELLE

—

1879

ATHÈNES, ROME, PARIS

I

L'HISTOIRE D'ATHÈNES A ATHÈNES

En montant la colline de l'Acropole, en parcourant la plaine d'Athènes du côté du temple de Jupiter Olympien, ou en suivant les bords poudreux du Céphise, combien de fois nous avons pensé qu'il y aurait à faire l'histoire d'Athènes à Athènes, comme Ampère a fait l'histoire romaine à Rome ! Patiemment, l'historien a étudié les annales de la Ville dans les ruines, dans les voies antiques, au milieu des monuments et des tombeaux, et chaque colonne, chaque muraille, chaque stèle, chaque fragment d'inscription évoquait à ses yeux le vieux monde romain, non plus dans la poussière des livres, mais au grand soleil, apparent, vivant, comme galvanisé par la puissance des incantations érudites.

L'Athènes contemporaine, moins vaste que la Rome des papes, est, si on peut dire, plus près de l'antiquité. Les souvenirs d'un grand passé y sont moins effacés, plus frappants. Athènes n'a souffert que de la barbarie, tandis que Rome a souffert de la civilisation : *Quod Barbari non fecerunt, Barberini fecere.* Sur le sol jonché de ruines de l'Acropole, on ne peut songer qu'à Périclès et qu'à Phidias; sur le forum on pense à Rienzi comme à Auguste. Les Grecs parlent la langue de leurs ancêtres. Les monuments, les rues, les places portent encore le nom que leur a donné l'antiquité. Où les Romains disent le *Campo vaccino*, les Athéniens disent l'agora. L'Acropole est toujours l'Acropole et le Théséion le Théséion, mais le mausolée d'Adrien est devenu le château Saint-Ange. A Athènes, il y a la rue d'Hermès (Mercure), la rue d'Éole, la rue d'Athéné (Minerve). Sur les bords de l'Ilissus, le café en plein vent, perdu dans des bosquets de myrtes, où on va prendre des glaces, les soirs d'été, se nomme la grotte des Nymphes : Ἄντρον τῶν Νυμφῶν. Cette appellation n'est-elle point toute pleine de poésie antique? N'est-ce même pas un souvenir des divinités agrestes

qui s'est conservé dans la mémoire du peuple? Plus
d'un mythe du paganisme, en effet, est passé comme
légende dans le monde néo-hellénique. Les paysans
grecs racontent que la nuit les Néréides dansent
au bord des fontaines et entraînent les voyageurs
dans leurs rondes fatales. Certaines cavernes sont
réputées servir de repaires à des dragons monstrueux. Les matelots appellent le vent *maître Borée*
et invoquent parfois Dieu-Jupiter. A cause de l'analogie du nom, saint Denis remplace Bacchus (Dio-
nysos) dans la protection de la vigne. En Grèce,
les enfants méchants ne connaissent point Croque-
mitaine, mais ils redoutent les sinistres Lamies, « ces
grandes femmes qui mangent les enfants, » disait
Théocrite, dans les *Syracusaines*. Charon, l'Hadès,
les Parques font partie des croyances populaires. Les
Arcadiens ne passent pas sans se signer près de la
source du Styx, et la chouette considérée partout
comme un oiseau de malheur est encore accueillie
sur les toits en terrasse de la cité de Minerve comme
un heureux présage. Ruines, monuments, langue,
croyances, tout en Grèce, jusqu'à ces danses renou-
velées de la Pyrrhique et de la ronde d'Ariadne,
jusqu'à ces femmes de Mégare qui reviennent de
la fontaine, le grand vase d'argile sur l'épaule,
pareilles aux vierges erréphores de l'Erechtéion,
jusqu'à ces petits chevaux thessaliens à l'encolure

épaisse et à la crinière courte et drue, qui semblent
descendus des frises du Parthénon, jusqu'à ces jam-
barts de pourpre des vieux Pallikares, souvenir des
knémides homériques, jusqu'à ces caractères grecs
des plaques des rues, des enseignes des boutiques,
des affiches de toute sorte, jusqu'à ces noms portés
communément : Aristide, Xénophon, Solon, Phocion, ne transportent-t-il pas l'esprit dans les rêves
du passé, hors de la réalité présente? Pour peu
qu'on s'absorbe dans les pensées que font naître les
objets extérieurs, ne semble-t-il pas qu'on vive quelques instants aux temps glorieux et fortunés de la
Hellade?

L'histoire prend ainsi une force d'impression
dont on ne se doute pas quand on ne la connaît
que par les livres. D'abstraite qu'elle était, l'histoire
se fait pour ainsi dire concrète. « Est-ce donc la
même chose, dit très-justement M. Ampère dans la
préface de l'*Histoire romaine à Rome*, (datée peut-être
avec un peu de prétention de la Roche tarpéienne),
est-ce donc la même chose de lire le récit de la mort
de Servius Tullius, de la mort de Virginie, du
dévouement de Fabius ou de se dire : c'est ici que
suivant la tradition Tullius fit passer les roues de
son char sur le cadavre de son père. C'est de ce
côté du forum, près des boutiques qui étaient là,
que Virginius frappa sa fille. Voilà le chemin que

prirent les Fabius pour aller à la porte carmentale. »
Si même on fait bon marché de la question du sen—
timent, on ne peut nier du moins que la connaissance des lieux, de leur situation et de leur disposition
ne soient indispensables à l'historien. M. Thiers nous
disait un jour : « Dans ma bibliothèque, j'ai surtout
beaucoup de cartes et de plans, car, voyez-vous, en
histoire, c'est comme au théâtre. Il faut toujours
dire : *La scène se passe...* » Mais une carte ne donne
que la figure géométrique des lieux qu'elle représente ;
elle n'en exprime ni la physionomie ni le caractère.
Vus sur place, les faits sont mieux déterminés et plus
vivants. Ils acquièrent une précision qui les rend
visibles. Au Pnyx, à l'Acropole, à l'Aréopage, à Marathon ou au Pirée, les grands hommes de l'histoire
d'Athènes qu'on n'a guère vus que dans les tragédies
ou dans les livres scolaires, reprennent la vie et
s'approchent de nous. On les croyait des héros plus
ou moins légendaires ; on s'aperçoit qu'ils étaient
des hommes et qu'ils ont vécu [1].

1. Cette *Histoire d'Athènes à Athènes*, que nous avons tenté
d'esquisser sur les lieux mêmes, il y a dix ans, sera-t-elle
faite un jour ? Chaque année nouvelle en facilite la tâche. Les
fouilles se multiplient, les livres, les thèses, les mémoires
s'accumulent. Après les fouilles des Propylées, de l'Odéon, du
Théâtre de Bacchus, on a entrepris celles du Portique d'Attale,
du stade panathénaïque, de l'horloge d'Andronikos ; plus récemment on a découvert la nécropole du Céramique Extérieur.
Cette année encore, les fouilles de l'Acropole, du Pnyx, de

I

C'est du sommet de l'Acropole qu'on peut avoir
l'idée du plan de l'Athènes antique par la vue à
vol d'oiseau de l'Athènes moderne. De cette col‑
line qui sert de piédestal aux plus beaux monu‑
ments qu'ait créés l'architecture et dont le sol
est fait de la poussière des marbres brisés, l'œil
visant librement les quatre points cardinaux, em‑
brasse un admirable panorama. La ville moderne
est construite sur le même emplacement que l'an‑
tique cité. Toutefois celle-là s'est portée au nord
de l'Acropole, désertant les régions du sud de la

Munichye, de la colline de Musée ont donné d'importants
résultats. Déjà anciens, les livres de Leake, de Müller, de
Forschammer, de Forbiger, de Grotefend, de Beulé, de Ulrichs,
de Ross, sont comme à l'époque de leur apparition, précieux
à consulter surtout si on les confère, ainsi que nous l'avons
fait, avec les travaux plus récents, publiés soit en volumes
ou en brochures, soit dans les *Archives des Missions scienti‑
fiques*, la *Revue archéologique*, ou l'*Archæologisch Zeitung*, de
MM. Hanriot, G. Perrot, F. Lenormant, Burnouf, Heuzey,
Terrier, Köhler, Erhann, G. Gox, Dettmer. Les derniers volumes
de l'*Histoire de Grèce* (*Griechische Geschichte*) de Curtius, la
Topographie d'Athènes de Phocion Roque, la carte de Kieppert,
celle de Herm. Rheinard, l'atlas pour l'*Histoire d'Athènes* de
Curtius, sont encore de nouveaux guides dans ce voyage au
pays du passé. Chacun apporte sa pierre pour la reconstruction
du grand monument de l'Athènes antique.

citadelle, jadis occupées par les dèmes urbains de Mélite, de Cythardenéide et de Limnée. Ainsi, au temps de Périclès, Athènes entourant de toute part l'Acropole avait la forme d'un vaste bouclier ovale. Aujourd'hui, Athènes a la forme d'une pelta, ce bouclier échancré des Amazones. C'est dans l'échancrure que s'élève l'Acropole.

A l'ouest, au bas des pentes de l'Acropole, du côté des Propylées, s'arrondissent les versants de la croupe du Pnyx et se profilent les angles massifs du rocher écrasé de l'Aréopage qui prend à la vive lumière du jour les reflets gris et métalliques de la mine de plomb. La colline des Nymphes, surmontée de son observatoire moderne et tapissée d'une herbe roussie que parsèment quelques maigres arbustes et quelques buissons épineux, forme le second plan. Au troisième plan, la silhouette du mont Icare, couvert jusqu'à mi-côte de la verdoyante végétation des mélèzes, se découpe sur le ciel. On aperçoit au-dessus du mont Ikare la cime aiguë du Cythéron, et très au loin, vers le sud, émergeant dans la lumineuse atmosphère de l'Attique, le large sommet en plate-forme de l'Acrocorinthe.

Au nord-ouest, un long bois d'oliviers au feuillage d'un gris d'argent, coupe toute la plaine d'Athènes du sud au nord. La poudreuse route du Pirée que bordent par endroits de hauts peupliers d'une espèce particulière, s'allonge en ligne droite à travers les carrés d'orge, les sillons de vigne et les terres en friche. Près d'Athènes, en avant de la route, le temple de Thésée, cette merveille presque intacte de l'architecture grecque, se détache sur le feuillage des oliviers, d'un ton très-rompu, avec les riches teintes feuille-morte de son marbre, doré par vingt-deux siècles de soleil. Le temple apparaît dans la perspective oblique cherchée et préconisée par les anciens; on en voit la façade orientale, son fronton sculpté, ses huit colonnes doriques, et la longue colonnade du portique de l'aile du nord. C'est sur un tertre herbeux, hérissé de cactus et planté de deux hauts aloës, semblables par leur tronc lisse et élancé et par leur cime ornée de deux rameaux bizarrement contournés à deux immenses torchères, que s'élève le Théséion. A quelques pas de là commence la ville moderne. La vue plonge sur le vieux quartier turc. C'est une masse de petites maisons blanches à toits rouges ou à terrasses, n'ayant pour la plupart qu'un seul étage, et percées irrégulièrement de petites fenêtres. Ces masures, dont quelques-unes tombent en ruines, sont toutes orientées en sens différent et toutes alignées avec la plus absolue insouciance des réglementations de l'édilité contemporaine. Ce ne sont ni des rues ni même des ruelles qui courent dans ce quartier, mais un labyrinthe de sentiers, — sentiers étroits comme ceux que tracent les chèvres sur les montagnes, sentiers serpentant comme ceux que dans les prés dessinent les petits cours d'eau. D'espace en espace, s'étend un terrain vague près d'un bâtiment ruiné, où s'élève un grand mur, dentelé à son sommet par les pierres qui s'en sont détachées et entourant quelque cour où des linges flottants sèchent sur une corde. La seule construction régulière qu'on distingue de ce côté est la caserne d'artillerie. Une route crayeuse s'ouvre à peu de distance en avant de cette caserne ; elle se fraye passage à travers les dernières maisons d'Athènes, se déroule dans la campagne, gagne le bois d'oliviers qu'elle traverse, puis, après avoir couru au milieu des orges et des vignes, s'engage en montant entre le mont Korydalle et le mont Ikare. C'est la route d'Eleusis ; c'est l'antique Voie Sacrée que suivait la procession Eleusienne le sixième jour des mystères.

Les grandes lignes sculpturales du Parnès qu'on aperçoit déjà au nord-ouest, derrière le mont Ikare, enserrent au nord tout l'horizon. Une vaste plaine en jachère, coupée de plans de vignes et parsemée de bouquets d'yeuses et de lentisques, de figuiers et d'amandiers, s'étend des pentes du Parnès, couronné de hauts sapins et fendu au milieu

1.

par une large crevasse que semble avoir faite la
hache de quelque Titan, jusqu'aux premières maisons de la ville. On ne voit encore de ce côté que
le vieux quartier turc, — toujours le même chaos
de maisons blanches et de toits rouges. On trouve
cependant quelques points de repère. C'est la muraille orientale du portique d'Hadrien, dont on aperçoit en perspective les sept colonnes corinthiennes;
c'est l'agora, remplie d'auvents où se tiennent les
marchands de fruits, de légumes et de fritures
à l'huile, les bouchers, les changeurs, les bro-
canteurs et les revendeurs; c'est le portique du
temple de Minerve Archégétis (ou Porte de la
Nouvelle agora), avec ses quatre hautes colonnes
doriques, son entablement à triglyphes et son fronton découronné; c'est la petite tour octogone de
l'horloge d'Andronikos, ornée d'une frise courante et
d'une corniche en gueules de lions. Deux longues
voies toutes droites, parallèles l'une à l'autre et
toutes deux perpendiculaires à l'acropole, se creu-
sent dans cet océan de maisons, dont les toits et les
terrasses de diverse hauteur et de diverse largeur
font en effet penser aux cimes et aux abîmes des
vagues. La première, la rue de Minerve, aboutit à
la place de la Concorde, essai de square planté de
platanes et de poivriers et décoré d'un pavillon néo-
grec. La seconde, la rue d'Éole, rejoint la route de

Patissia dont le ruban blanc se déroule au loin dans la campagne. Ces deux rues coupent une autre longue voie qui, s'amorçant à environ cent mètres en arrière du temple de Thésée, traverse toute la ville du couchant à l'orient pour aboutir devant le Palais du roi. C'est la r   d'Hermès, la grande artère d'Athènes, la rue des voitures, des cavaliers, des voyageurs, des gens pressés, tandis que la rue d'Eole, avec ses cafés où on lit plus qu'on ne boit, ses boutiques où on pérore plus qu'on n'achète, ses trottoirs toujours encombrés où on discute plus qu'on ne marche, est la rue des oisifs, la rue du *Far niente*, la rue des beaux parleurs et des hommes d'État incompris.

Au nord-est, on a la vue de la ville contemporaine, que dominent la cime rouge et déchiquetée du Lycabette, et, à l'horizon, le mont Pentélique. Les rues plus larges et coupées à angles droits, y sont bordées de jolies maisons blanches à plusieurs étages, construites en style néo-grec. Des colonnettes s'appliquent aux façades qui ont pour la plupart des revêtements de marbre; de petits péristyles s'avancent sur la rue; les dentelles des acrotères bordent les toits plats en terrasses. Derrière chaque maison verdoient de petits jardins, où poussent pêle-mêle, à grand renfort de terres rapportées et d'arrosages continus, cyprès et arbousiers, lentisques et cactus, vigne vierge et clématite. De larges boulevards, bordés de magnifiques poivriers à longues grappes de fruits pourpres, font plusieurs cercles autour de ce quartier. L'œil s'arrête sur des édifices modernes. Voici la nouvelle cathédrale avec son dôme byzantin et les deux tours de son narthex roman. Voici l'ancienne cathédrale qu'à cause de son exiguïté on ne distinguerait pas des maisons qui l'environnent, si ce n'était sa petite coupole bulbeuse; voici le clocher de Saint-Théodore, le portique polychrome de l'Université, les magnifiques propylées de marbre de l'École polytechnique. A l'extrémité de la ville, tout au bout de la rue d'Hermès qui monte en pente assez roide à la place de la Constitution, le Palais du roi développe sa large façade de marbre blanc entre deux masses de verdure : le square de la place de la Constitution, planté en jardin français, et le jardin royal, véritable parc anglais à allées sinueuses, à pelouses toutes vertes et à massifs touffus. Le Palais est un énorme quadrilatère qui ne compte pas moins de deux cents portes et fenêtres. Mais à cause de ses proportions démesurées qui ne sont pas soutenues par le style, ce monument a plutôt l'air d'une caserne que d'un palais, en dépit de son fronton, de son acrotère à l'antique et de son péristyle en colonnade. Et cependant pour construire ce palais on

s'est servi de cet admirable marbre pentélique dont
le Parthénon, les Propylées, l'Erechthéion n'ont pas
épuisé les carrières. Mais Phidias ni Ictinus n'é-
taient plus là pour féconder la matière par le génie.
Derrière le Palais du roi commence une vaste plaine,
fauve, pulvérulente, embrasée, où quelques plants
de vigne, quelques chaumes d'orge, quelques bouquets d'arbres disputent le terrain aux landes arides.
La plaine entoure le Lycabette, puis va s'élargissant
jusqu'au pied du mont Pentélique qui, baigné de
lueurs roses et opalines, s'élève comme un immense
fronton de temple.

A l'est, l'horizon est moins vaste, fermé à trois
kilomètres par les ondulations bleuâtres, d'une ligne
un peu molle, des cimes de l'Hymette, d'où s'élancent au printemps les essaims bourdonnants des
abeilles. En avant des pentes de l'Hymette, s'éche-
lonnent des mamelons trapus et tachetés par endroits
de quelques brins de mousse, entre lesquels ser-
pente le lit de l'Ilissus. — « L'Ilissus pareil au
Méandre, promène d'un cours égal et paisible ses
eaux languissantes, et mouille à peine le sable
aride », disait déjà Sénèque. Sur la rive gauche de
ce fleuve, qui l'été n'est pas même un ruisseau, se
creuse en forme de fer à cheval allongé le stade panathénaïque. Sur la rive droite, la mince nappe d'eau
de la fontaine Callirrhoé, encaissée entre d'énormes

rochers, brille au soleil comme un antique miroir
d'étain. Non loin de là, l'arc d'Hadrien ouvre sa
large arcade et présente son élégant attique corinthien percé de trois baies et couronné d'un fronton. Quelques jolies maisons, enfants perdus du nouveau quartier que suivront bientôt d'autres constructions, s'avancent entre l'Acropole et l'arc d'Hadrien.
La verdure noire de l'ancien cimetière, du nouveau
cimetière et du massif de myrtes et de cyprès qui
ombrage le café de la grotte des Nymphes repose les
regards en feu. Dans la plaine brûlée, les hautes
colonnes corinthiennes du temple de Jupiter Olympien découpent en vives arêtes sur le sol leurs
ombres géantes et font, par leur proportion colossale,
paraître petites les montagnes d'alentour.

Au sud, voici adossés au rocher de la citadelle
les murs en ruines, percés de baies cintrées et super-
posées, de l'Odéon d'Hérode Atticos, les vingt-huit
arcades enterrées jusqu'à l'imposte du portique d'Eumène, et les gradins en hémicycle, les siéges de
marbre, l'orchestre dallé, les fûts de colonnes, les
substructions de la scène et ses profonds dessous
ou *hyposcenia*, du théâtre de Bacchus. Plus loin
s'arrondit la colline de Musée; le monument de
Philopappos en surmonte le sommet, et dans ses
flancs les entrées de cette triple chambre souterraine, connue sous le nom de Prison de Socrate,

font trois trous sombres. Au bout de la vallée qui se creuse entre la colline de Musée et les mamelons de la rive gauche de l'Ilissus, on aperçoit, face au théâtre de Bacchus, pour lequel c'était la plus admirable *toile de fond* qu'on pût rêver, les eaux bleues de la baie de Phalère. A droite, le Pirée ouvre ses trois bassins capricieusement dentelés, le rivage de l'Attique, frangé de bandes d'écume, fuit vers Eleusis, et, aux rayons ardents du soleil, miroite le golfe Saronique, tout blanc de lumière.

II

Où les monuments manquent, où les ruines même ont disparu, seul le sol d'Athènes suffit pour reconstituer l'histoire de la grande cité. Ces hautes montagnes, ces collines escarpées, ces plaines roussies, ces fleuves devenus ruisseaux, ces baies et ces anses gracieusement découpées, cette atmosphère si pure et si lumineuse qu'elle permettait aux navigateurs de voir de dix lieues au large la pointe de la pique de la statue de Minerve, ce paysage formé de la mer, de la plaine et de la montagne qui rappelle la division primitive des habitants de l'Attique en parti de la mer (marins), parti de la plaine (laboureurs), parti de la montagne (bergers), n'éveillentils pas les mêmes pensées et n'évoquent-ils pas les mêmes souvenirs que si collines et vallées, sources et fleuves, plaines et rivages étaient encore peuplés de leurs temples et de leurs statues, encore couverts de leurs belles moissons, encore ombragés de leurs oliviers sacrés et de leurs platanes chers à Socrate? Ainsi, interrogeant tantôt le monument, tantôt la ruine, tantôt la terre même de l'Attique, on suivra l'histoire des Athéniens depuis les origines de la Cécropia jusqu'aux temps mauvais où la cité d'Athènes perdit son nom pour s'appeler la ville d'Hadrien : Hadrianopolis, et depuis le jour où tomba du ciel la statue de bois de Minerve, le divin Palladium, jusqu'aux jours où le Parthénon fut converti en église par Justinien et en mosquée par Mahomet II.

C'est sur le roc de l'Acropole que commence l'histoire d'Athènes. Au sommet de ce rocher qui forme un plateau ovale de neuf cents pieds de long sur quatre cents de large, se bornait la ville de Cécrops, de Cranaüs et d'Amphyction, les premiers rois d'Athènes selon la légende. Élevée de cent cinquante mètres, escarpée, inaccessible de tout côté, sauf à l'ouest, cette colline était bien choisie pour servir d'asile à des peuplades primitives, alors que les bandits, les pirates et les fauves ravageaient la plaine et le rivage. A l'ouest de l'Acropole, au-dessous du temple de la Victoire Aptère, on voit encore les traces d'un sentier sinueux, large d'un mètre à peine, taillé dans le roc et portant l'empreinte de pieds d'animaux, trous ronds creusés lentement pendant des siècles. C'est là l'antique chemin suivi par les premiers habitants d'Athènes. Chaque jour, pasteurs et laboureurs descendaient dans la plaine pour le pâturage et les travaux des champs. A la tombée de la nuit, bêtes et gens remontaient à l'Acropole.

En ces temps, la ville qui avait été fondée par Cécrops, s'appelait la **Cécropia**. Mais on trouve dans le portique nord de l'Erechthéion les traces, vénérées par toute l'antiquité, de la fameuse lutte de Minerve et de Neptune qui décida du nom d'Athènes. Minerve et Neptune se disputaient la souveraineté de cette cité, dont ils étaient tous deux protecteurs. Neptune frappant le roc de son trident fit jaillir un flot d'eau de mer, tandis que Minerve, d'un coup de sa pique faisait pousser un rameau d'olivier. Pris pour juge, le roi de l'Attique, Erechthée, accorda la victoire à Pallas Athéné et donna à la ville le nom de la déesse. Faut-il, à l'exemple des contemporains de Démosthène, voir dans deux trous irréguliers réunis par une sorte de fissure marqués dans le roc, l'empreinte du trident — qui d'ailleurs avait trois pointes — et dans une

petite citerne ruinée, le « flot marin », la source
d'eau de mer dont parle Pausanias, et où, dit-il,
« on entend un bruit pareil à celui des vagues »?
Pour l'olivier miraculeux, on ignore à quelle époque
il disparut; on sait seulement que brûlé par les
Perses lors de l'incendie de l'Acropole, il repoussa
en une seule nuit de la hauteur d'une coudée, au
retour des Athéniens. Erechthée éleva un temple à
Minerve sur le lieu même où elle avait vaincu;
après la mort du roi, son tombeau, ainsi que celui
de Cécrops, fut placé dans ce temple, auquel on
donna alors le nom d'Erechthéion. C'est à quelques
pas à l'ouest de l'Erechthéion, à l'endroit où le
rocher est le plus escarpé, qu'Agraule, fille de Cécrops, se précipita au bas de l'Acropole, afin d'obéir
à un oracle qui avait promis la victoire aux Athéniens si quelqu'un d'entre eux se sacrifiait volontairement. La jeune fille tomba près d'une grotte qui
s'ouvre dans le flanc du rocher. Pour honorer
l'héroïsme d'Agraule, les Athéniens lui consacrèrent
cette grotte qui devint un sanctuaire; — aujourd'hui
les stalactites y remplacent les ex-voto. Là, pendant
des siècles, les jeunes Athéniens, la première fois
qu'ils prenaient les armes, venaient jurer de mourir
pour la défense de la patrie.

Quand Thésée succéda sur le trône d'Athènes à
son père Egée, la ville commençait déjà à s'étendre

au sud-ouest de l'Acropole, entre les pentes accessibles de la citadelle et la colline de Musée, appelée ainsi parce que la tradition veut que le poëte y ait été enterré. La célèbre chambre souterraine connue sous le nom de Prison de Socrate aurait été, suivant quelques archéologues, le Prytanée de Thésée, l'antique habitation des princes Erechthéides. Cette caverne artificielle est divisée en quatre compartiments. La forme circulaire de la quatrième chambre qui est surmontée d'une voûte elliptique, rappelle le mode de construction du Trésor des Atrides à Mycènes. Peut-être était-ce là le Trésor des premiers rois d'Athènes. Ainsi la ville basse, construite entre la citadelle et la demeure du roi, aurait été d'abord circonscrite dans la petite vallée qui s'étend à l'orient jusqu'à l'Ilissus et que bornent au nord, au couchant et au midi les collines de l'Acropole, du Pnyx et de Musée.

Vainqueur du Minotaure, exterminateur des bandits, destructeur des monstres, défenseur de la cité contre les Amazones, fondateur de l'unité athénienne, Thésée fut véritablement le héros d'Athènes, son premier souverain et son premier législateur. Toutefois il ne lui fut pas permis d'y mourir. Dans la légende comme dans l'histoire, les Athéniens méritent le nom d'ingrats dont les a marqués Homère. Banni par le peuple, Thésée vint mourir dans l'île de Scyros. Bien des siècles seulement après sa mort (en 469 av. J.-C.), Cimon, sur l'ordre de l'oracle d'Apollon, alla chercher les ossements de Thésée, dont l'ombre, disait-on, avait combattu à Marathon, et les rapporta à Athènes. Le tombeau élevé au héros fut un temple : le Théséion. Sur les métopes de ce temple, on voit encore aujourd'hui, sculptés en haut relief, les exploits du héros : ses combats contre le brigand Périplates, contre la baie de Crommyon, contre le Minotaure, contre Cercyon, contre le taureau de Marathon, contre Procruste. A l'intérieur de l'édifice, Polygnote et Micon avaient peint ses victoires sur les Centaures et sur les Amazones.

L'invasion des Amazones, dont ne doutaient pas les Athéniens du siècle de Périclès (elles avaient, disait-on, traversé le Bosphore cimmérien pendant la saison des glaces), était rappelée sur le sol de l'Attique non-seulement par le Théséion élevé à leur vainqueur et par les métopes du Parthénon, mais aussi par ce sauvage rocher de l'Aréopage où Eschyle dit que, dans leur attaque de la citadelle, les hardies aventurières avaient établi leur camp. L'Aréopage n'évoque pas ce seul souvenir de l'histoire légendaire d'Athènes. C'est sur cet escarpement d'aspect sinistre, que siégeait l'auguste tribunal, aussi ancien qu'Athènes elle-même. C'est là que comparurent le dieu Mars, meurtrier d'Alirothius, fils de Neptune, Céphale, meurtrier de Procris, et le parricide Oreste. Le sommet du rocher, où l'on monte par seize marches taillées dans le roc, forme un plateau irrégulier, aplani par la main humaine. Trois siéges en hémicycle grossièrement creusés à coups de marteau et pouvant recevoir chacun une dizaine d'hommes, étaient les places des Aréopagites; deux blocs élevés, placés symétriquement l'un en face de l'autre, étaient réservés à l'accusé et à l'accusateur. A l'angle sud-est, au bas des escarpements, le rocher est fendu par une profonde fissure au fond de laquelle jaillit une source. Là était l'antre des Erinnyes. Près de cette cavité, au milieu d'un bois sacré, situé dans l'étroit vallon qui sépare l'Aréopage de l'Acropole, on avait élevé un temple aux déesses vénérables.

La guerre de Troie ne marqua pas dans l'histoire d'Athènes. Il est toutefois intéressant de connaître quel est le point de la côte de l'Attique d'où Ménesthée partit avec « dix noirs vaisseaux » pour aller rejoindre la flotte des Grecs. Chacun sait qu'il ne s'embarqua pas au Pirée qui était encore une grève rocailleuse et déserte. Suivant Pausanias, ce serait au fond de la baie de Phalère, entre la presqu'île de Munychie et l'embouchure du Céphise, c'est à peu près l'endroit des nouveaux bains de mer, qu'il fau-

drait voir le havre de l'antique Athènes. « Il était,
dit Pausanias, bien plus rapproché de la ville que le
Pirée. » Pourquoi donc un érudit est-il allé chercher ce port à plus de douze kilomètres d'Athènes,
à l'ouest du Pirée, près de l'ancien village de Kera-
tini? En revenant de Phalère, on s'arrêtera, après
avoir passé le Céphise, sur les bords de l'Ilissus,
face à la colline de Musée. C'est là, selon la tradition, que Codrus, le dernier roi d'Athènes, se jeta
volontairement sur les piques des Péloponnésiens,
parce que l'oracle avait promis la victoire aux
Athéniens si leur chef était tué. Le sacrifice de
Codrus sauva la cité mais perdit la royauté. Les
Athéniens décidèrent que la meilleure manière d'honorer l'héroïsme de Codrus et de perpétuer son
souvenir était qu'aucun roi ne régnât plus après
lui. La royauté fut abolie. Il semble que Platon
s'inspire de cette décision un peu spécieuse quand,
dans la *République*, il demande que les poëtes soient
couronnés de fleurs et chassés de la cité.

A l'époque des premiers rois d'Athènes, l'Acropole n'était encore défendue que par ses escarpements naturels et des palissades d'oliviers entrelacés.
Vers les temps contemporains de la guerre de Troie,
une colonie de Pélasges, chassée de Béotie, vint
se réfugier en Attique. Pour reconnaitre l'hospitalité
des Athéniens, les Pélasges aplanirent le sommet

de l'Acropole et l'entourèrent tout entier d'une de
ces murailles construites de gros blocs de pierre,
assemblés avec une grande précision, connues sous
le nom de murs pélasgiques. Ils construisirent aussi
du côté accessible de l'Acropole, à l'endroit où se
trouvent aujourd'hui les ruines des Propylées, un
ouvrage de fortification considérable, auquel donnaient accès neuf portes successives. De l'Ennéapyle,
— c'est ainsi qu'on appelait cet ouvrage, — il ne
reste pas de trace, mais on retrouve au sud et au
nord de l'Acropole, près du temple de la Victoire
Aptère et au-dessous du petit musée d'antiquités,
quelques parties des murs cyclopéens. Ce sont des
blocs de très-grand appareil, à joints verticaux mais
à assises de hauteur inégale, fort bien parementés.
Ils rappellent le mode de construction des murs de
Mycènes, qui marquent un grand progrès, comme
on sait, sur l'art plus primitif des murailles cyclo-
péennes de Tyrinthe. Dans leur reconnaissance, les
Athéniens concédèrent aux Pélasges et à leur postérité un terrain situé au nord-est de la citadelle.
Mais la reconnaissance des Athéniens durait peu.
Bientôt inquiets de l'industrieuse activité des Pélasges, ils les chassèrent, les accusant de conspirer
contre la cité et d'avoir fait violence à des vierges
d'Athènes qui étaient allées puiser de l'eau à la
fontaine Callirrhoé. Dans la suite, le lieu qu'avaient

habité les Pélasges et qui avait gardé le nom de Pélasgicon fut considéré comme maudit et laissé désert. Thucydide rapporte qu'en 430 les habitants des campagnes, fuyant devant l'invasion, bivaquèrent dans le Pélasgicon, et il dénonce ce fait comme une chose extraordinaire, presque comme un sacrilége. Le Pélasgicon occupait vraisemblablement l'emplacement compris aujourd'hui entre l'Acropole, au-dessous du mur du nord-est, qui continua, quoique reconstruit par Thémistocle, à se nommer le mur pélasgique, la Tour des vents, les ruines apocryphes du Prytanée et le monument de Lysicrate. C'est tout justement à cause du Pélasgicon que nous nous refusons à voir les ruines du Prytanée dans les deux pans de murailles, situés au fond d'une impasse, qu'on a décorés de ce nom. Comment admettre qu'on ait construit dans un lieu maudit un des édifices les plus vénérés d'Athènes, le Prytanée où prenaient leurs repas, en compagnie des sénateurs en fonctions, les citoyens qui avaient bien mérité de la patrie?

III

L'obscurité couvre l'histoire d'Athènes depuis l'abolition de la royauté jusqu'à l'époque de Dracon et de Cylon; et les ruines et les monuments sont muets comme l'histoire. Nous remonterons à l'Acropole avec Cylon, lorsque le conspirateur voulant usurper le pouvoir souverain s'empara de la citadelle. Les Athéniens ne pouvant enlever de vive force les retranchements de l'Enneapyle bloquèrent Cylon et ses partisans. Dans la forteresse devenue une prison, bientôt les vivres manquèrent. Cylon s'échappa sans doute par quelque passage souterrain comme la grotte d'Agraule. Après sa fuite, ses compagnons affamés ouvrirent les portes de l'Enneapyle et se placèrent en suppliants autour de l'autel de Minerve. C'était lieu d'asile. L'archonte Mégaklès engagea les complices de Cylon à venir se faire juger au tribunal des homicides et des conspirateurs qui siégeait sur la colline de Mars. Les suppliants ne voulurent point d'abord, craignant la colère du peuple s'ils quittaient le lieu d'asile; mais Mégaklès leur conseilla d'attacher un fil à la statue de la déesse et de venir à l'Aréopage en tenant ce fil à la main. On peut suivre le chemin que parcoururent les complices de Cylon. De l'autel de Minerve qui était situé dans l'enceinte de l'Erechthéion, ils descendirent par la pente sud-ouest, passant par les diverses portes de l'Enneapyle, puis au bas de l'Acropole, tournant un peu au nord, ils s'engagèrent, dans la direction de l'escalier de l'Aréopage, dans l'étroit vallon qui sépare les deux collines.

Lorsqu'ils arrivèrent près du temple des Euménides, à quelque distance de la fameuse fissure du rocher, qui servait de retraite aux déesses vengeresses, le qu'ils fil tenaient se rompit. Il était manifeste que Minerve, gardienne des lois et protectrice de la Cité, refusait sa protection aux conspirateurs. Ils furent aussitôt lapidés.

Non loin du lieu de ce meurtre, dans l'espace de terrain aujourd'hui désert, compris entre l'Acropole au nord-est, l'Aréopage au nord, le Pnyx à l'ouest et la colline de Musée au sud, était vraisemblablement cette célèbre agora d'Athènes, marché, place publique, enceinte d'autels, de monuments et de portiques, lieu d'assemblée extraordinaire pour tout le peuple lors d'un vote d'ostracisme, lieu de réunion quotidienne des oisifs, des causeurs et des politiques de cette ville où chacun était oisif, causeur et politique et où tout le monde vivait en plein air. Si les paroles gelées dont parle Rabelais pouvaient tout à coup se dégeler, quelle rumeur immense faite des disputes des marchands et des acheteurs, des discussions des démocrates et des oligarques, des vociférations de Cléon, des leçons de Socrate, des invectives de la marchande d'herbes de Théophraste, des murmures d'indignation du peuple à la vue des hermès mutilés, de ses cris de joie à la nouvelle de la victoire de Marathon, de ses longs gémissements au bruit de la défaite d'Égos-Potamos, on entendrait soudain en ce lieu, maintenant muet et solitaire ! Dans les temps légendaires, l'histoire d'Athènes était toute sur l'Acropole; dans les temps historiques, l'Acropole n'est plus que le sanctuaire des dieux, et l'histoire est toute sur l'agora et au Pnyx. C'est sur l'agora que Solon feignant la folie pour échapper à la loi qui défendait sous peine de mort de prononcer le nom de Salamine, harangua la multitude pour l'engager à reconquérir cette île ; c'est là qu'après la prise de l'île, la foule confia à Solon, par acclamation, le gouvernement de la Cité. C'est sur l'agora qu'un jour, Solon ayant abdiqué, Pisistrate accourt tout sanglant de blessures qu'il s'est faites lui-même, et s'écrie qu'on l'a voulu assassiner, lui, le favori du peuple. La plèbe émue lui vote une garde particulière. Peu de jours après, tandis qu'une partie de ses gardes s'emparent de la citadelle, Pisistrate convoque le peuple en armes dans l'Anaccion. Les citoyens laissent piques et épées à l'entrée du temple. Pisistrate harangue l'assemblée, et pendant ce temps les gardes saisissent les armes et les portent dans la grotte d'Agraule, située près de l'Anaccion. (Un passage qui existe encore, quoique peu praticable aujourd'hui, communiquait de la grotte au sommet de la citadelle). Ainsi désarmés, les Athéniens durent subir la tyrannie de Pisistrate.

A cause de leur ardent amour de la liberté, les Athéniens se transmirent de génération en génération l'exécration des Pisistratides. Mais l'impartiale histoire doit juger moins sévèrement ces tyrans. Loin de traiter en pays conquis la ville où ils avaient usurpé le pouvoir, ils ne pensèrent qu'à augmenter sa puissance et sa prospérité. De même que plus tard Périclès, ils ne se considérèrent pas comme les maîtres d'Athènes, mais comme ses intendants, et ils s'efforcèrent de la laisser un jour plus belle et plus riche qu'ils ne l'avaient prise. Ce furent les Pisistratides qui commencèrent dans la plaine d'Athènes, à l'endroit même où, selon une tradition, s'étaient écoulées les eaux du déluge de Deucalion, le temple de Jupiter Olympien qui ne devait être achevé que six siècles plus tard et dont les magnifiques ruines imposent l'admiration par leur beauté et l'étonnement par leurs gigantesques proportions. Les Pisistratides firent jaillir par neuf tuyaux les eaux de l'antique source Callirrhoé et la décorèrent de statues et d'une façade monumentale. On appela la source, la Fontaine aux neufs bouches : Ἐννεάκρουνος. On voit encore trois de ces orifices, mais le monument n'a même pas laissé de ruines. Enfin sur l'Acropole, qui était leur demeure et leur forteresse, les tyrans construisirent l'Hékatompédos, ou ancien Parthénon, qui fut brûlé par les Perses

et dont on retrouve, encaissés dans le mur de Thémistocle, des tambours de colonnes et des fragments d'entablement, et ils fondèrent la première
bibliothèque d'Athènes, où ils placèrent, suprême
trésor, le premier manuscrit des poëmes homériques,
recueilli et colligé par leurs ordres.

Athènes commence à être Athènes. La ville n'est
plus circonscrite au sommet de l'Acropole, comme
au temps des premiers rois; elle ne s'avance plus
seulement au sud et à l'ouest, comme au temps de
Thésée: elle s'étend maintenant en cercle autour de
la citadelle. Les dèmes urbains se construisent, se
peuplent et prennent leur nom. C'est Collyte, où se
trouvent aujourd'hui la Cathédrale et la Chambre
des Députés; c'est Dioméia, où s'élève le Palais du
Roi; c'est Cydathæneum, où sont les ruines du
temple de Jupiter Olympien; c'est Mélite et Colone-
en-ville, au sud-ouest de l'Acropole; c'est, du côté de
l'Aréopage, le Céramique extérieur, qui devint plus
tard le quartier à la mode d'Athènes et qui, comme
nos Tuileries, avait pris son nom d'une ancienne
fabrique de tuiles.

Au temps dés Pisistratides, le dème du Céramique
fut le théâtre de la conspiration d'Harmodios et d'Aristogiton. C'est là que les deux tyrannicides devaient
frapper les fils de Pisistrate, Hippias et Hipparque. Seul Hipparque tomba sous leurs coups. Le

2.

complot fut révélé, les conjurés arrêtés, les poignards découverts sous les branches de myrte. Appliqué à la torture, Aristogiton dénonça non point les complices, mais les plus chers amis du tyran, qui, aveuglé par la fureur, les fit tous massacrer sans les vouloir entendre. — « Et après », demanda Hippias? — « Après? » répondit Aristogiton, « après, il y a toi, dont je voudrais la mort. Mais au moins t'aurai-je fait tuer ceux que tu aimais le plus ». La courtisane Léæna, qui avait pris part à la conspiration, fut aussi mise à la torture. De peur que la douleur ne la fît se trahir, elle se coupa la langue avec les dents et la cracha au visage du tyran. Peu d'années après, les Pisistratides ayant à jamais été chassés d'Athènes par la puissante famille des Alcméonides, les Athéniens voulurent consacrer l'héroïsme de Léæna. Mais l'image d'une courtisane dans l'Acropole, près du temple de la vierge Minerve, eût été une profanation. Au lieu d'une statue, ils placèrent une lionne de bronze à l'entrée de la citadelle. C'était un jeu de mots sublime; car en grec, Λέαινα, veut dire Léæna et lionne.

Du Céramique, c'est-à-dire du pied de l'Aréopage, dirigeons-nous vers le Pnyx, puisque dans cette histoire d'Athènes par ses monuments, la chronologie nous oblige à beaucoup courir et à revenir sans cesse dans les mêmes lieux. C'est au

Pnyx que nous trouverons le souvenir vivant de
l'Alcméonide Clisthène, le destructeur des tyrans,
le réformateur des lois politiques, le vrai créateur
de la démocratie athénienne. C'est de la tribune
du Pnyx que Clisthène harangua la multitude,
la conjurant de renoncer à ses éternelles discordes,
à ne plus penser qu'au salut et à la grandeur de
la cité. C'est sur ce sol granitique que furent votées,
par un peuple avide de liberté et affolé de défiance,
ces réformes ultra-démocratiques qui allaient faire
la grandeur d'Athènes et qui devaient aussi causer
sa perte. Là fut adoptée cette constitution d'Athènes
qui se résume par ces trois termes : souveraineté
du peuple, amovibilité des magistratures, responsabi-
lité des magistrats. Là furent prises toutes les grandes résolutions des Athéniens. Là parlèrent Thémistocle, Aristide, Périclès, Alcibiade, Phocion,
Démosthène. Là, enfin, le peuple monta régulièrement trois fois chaque mois pour discuter les intérêts
d'Athènes et nommer les stratéges qui devaient
commander ses flottes et ses armées, jusqu'au temps
de la domination romaine où il ne monta plus
qu'une seule fois par an pour prendre part à des
comices dérisoires dont l'unique but était d'élire
l'inspecteur des marchés.

L'enceinte du Pnyx, située sur le versant nord
d'une petite colline qui s'élève à l'ouest et au-dessus

de l'Agora (ce qui explique pourquoi les citoyens, en se rendant au Pnyx, passaient par l'agora, et souvent s'y attardaient, comme le dit Aristophane) est une vaste esplanade en hémicycle, d'une superficie de plus de dix mille mètres. La partie convexe de l'enceinte qui s'incline en pente douce vers le bas de la colline est soutenue par un mur composé de blocs d'une grandeur prodigieuse, grossièrement taillés et disposés, selon le mode de construction cyclopéen, par assises irrégulières. La base de l'hémicycle est une ligne droite, brisée au milieu, dont l'angle s'enfonce dans la paroi même du rocher, taillé à pic, à une profondeur de cinq mètres. Sur les côtés, l'enceinte du Pnyx est au contraire presque de plain-pied avec le sol de la colline. A la base de l'hémicycle, dans l'angle de la brisure, se dresse la tribune, le fameux *béma* : un énorme monolithe taillé comme à coups de hache dans le roc même de la colline, ainsi que les trois gradins sur lesquels il repose. La hauteur totale de la tribune est d'environ trois mètres, sa superficie de quatre mètres. Lorsqu'il parlait, l'orateur dominait ses cinq ou six mille auditeurs de plus de la hauteur d'un homme. Devant lui il voyait le temple de Thésée, l'Aréopage, et tout le quartier du Céramique. A sa gauche, il avait les longs murs qui étaient la défense d'Athènes ; à sa droite, l'Acropole qui en était la gloire. Il pouvait, comme le fit un jour Démosthène, désigner de la main les Propylées et dire : « J'en atteste ces Propylées, τοιαῦτα Προπύλαια. »

On ne saurait se figurer la majesté simple et grandiose du Pnyx. Si l'Acropole avec sa couronne de monuments montre le génie athénien dans sa beauté, dans sa magnificence et dans sa grâce souveraine, le Pnyx le révèle dans sa force, dans sa grandeur et dans son indomptable énergie. Au xviiie siècle, où il était de mode de n'admirer que les Spartiates, on disait que les Athéniens étaient un peuple efféminé. C'est qu'on n'avait pas vu le Pnyx. Des Sybarites ou des Capouans eussent-ils eu un lieu d'assemblée aussi austère et aussi nu? une tribune aux harangues aussi dépourvue de tout vain ornement? De même qu'ils empruntaient le style dorique pour leur Parthénon, leur Théséion, leurs Propylées, les Athéniens, qui étaient des Ioniens, prenaient en toute occasion, où l'honneur de la patrie était en jeu, l'énergie et la ténacité des races doriennes. Les mâles résolutions, c'était dans l'austère enceinte du Pnyx qu'elles étaient votées. L'aspect presque sauvage du Pnyx qui rappelait la barbarie des temps primitifs, n'était-il pas salutaire aux Athéniens en les arrachant, sans qu'ils s'en doutassent et ne fût-ce que pour quelques heures, aux habitudes de luxe et de bien-être, aux passions égoïstes et à l'indifférence en matière de patrie, des civilisations à leur apogée?

IV

Cecrops a fait la citadelle, les Pisistratides ont fait la ville, Clisthène a fait le peuple. La cité est complète. Les grands jours d'Athènes peuvent venir. Ils ont pour aurore les lueurs d'un incendie, — l'incendie de l'Acropole par les Perses. Vingt nations, toute l'Asie, se jettent à la curée de la Grèce. Miltiade vainc les Perses dans cette vaste plaine de Marathon où l'on peut encore, Hérodote en main, suivre toutes les péripéties de l'action et où se dresse le tumulus élevé aux hoplites athéniens tombés sur le champ de bataille. On a recueilli sur ce tertre beaucoup de pointes de flèches de silex noir des archers éthiopiens. La nuit, selon une croyance populaire, on entend près de là des chants de guerre et des bruits d'armes. Une grotte ouverte dans le flanc du rocher, sur le versant nord de l'Acropole, non loin de la grotte d'Agraule, rappelle à Athènes même la bataille de Marathon. C'est la grotte de Pan. Elle fut consacrée à ce dieu par les Athéniens reconnaissants de l'aide qu'il leur avait portée à Marathon.

Il avait combattu dans les rangs athéniens et avait provoqué chez les Perses cette terreur soudaine et inexplicable qui prend parfois les armées et que, depuis Marathon, on appelle la panique. Les Athéniens croyaient que Pan quittait parfois ses montagnes de l'Arcadie pour venir habiter la grotte qu'ils lui avaient consacrée. Les échos de l'Acropole répétaient les sons de la syrinx du dieu agreste, et les jeunes filles n'osaient pas s'aventurer le soir de ce côté de la citadelle. Au-dessous de la grotte de Pan, se trouve la fontaine Clepsydre, qui, disait-on dans l'antiquité, était insondable. Un jour une fiole y tomba qui reparut le lendemain dans la baie de Phalère.

Avec le trône, Darius avait légué à Xerxès la haine des Grecs. Vaincus une première fois, mais non découragés, les Perses abordent de nouveau sur les côtes de la Hellade. Tandis que les Spartiates se font tuer en défendant les défilés des Thermopyles contre l'armée de Xerxès, les Athéniens à l'Artémision repoussent sa flotte. Mais si les Grecs tiennent la mer, la terre est libre et la Grèce est ouverte aux Barbares. Ils envahissent l'Attique. Un oracle a prédit aux Athéniens qu'ils ne trouveraient leur salut que derrière des murailles de bois. Thémistocle assure que les murailles de bois sont les vaisseaux. On hésite à l'écouter, lorsque Cimon, estimant que l'exemple vaut mieux que les paroles, monte à la citadelle par le petit escalier taillé dans le roc, dont on voit encore quelques degrés au-dessus de la fontaine Clepsydre, consacre le mors de son cheval à Minerve; puis, après avoir pris u.. bouclier de rameur qui était appendu au temple, descend par l'escalier de l'Enneapyle et se dirige vers le port, à la vue de tout le peuple. Alors la foule des Athéniens s'arme et suit ses chefs, sur les vaisseaux. Quelques citoyens cependant, croyant mieux interpréter les paroles de l'oracle, se réfugièrent sur l'Acropole et ajoutèrent une rangée de palissades aux remparts de pierre. Les Perses tentèrent plusieurs assauts, tandis que d'autres troupes postées sur l'Aréopage criblaient les retranchements de flèches et d'étoupes enflammées. Les Athéniens résistaient avec succès, mais des archers ennemis ayant pénétré dans la grotte d'Agraule, découvrirent le passage souterrain qui avait déjà servi aux gardes de Pisistrate. Les Perses se glissent dans cet étroit chemin, gagnent le sommet de l'Acropole, massacrent les défenseurs surpris et détruisent par le fer et le feu les temples, les autels, les murailles. Qu'importe! Athènes n'est plus dans Athènes. Elle est, comme le dit Thémistocle à un chef qui lui refuse la parole sous prétexte qu'il n'a plus de patrie, elle est sur les deux cents vaisseaux à l'ancre

dans la rade de Salamine, qui vont combattre pour
le salut de la Grèce.

A l'angle de l'entrée du Pirée, en face de l'îlot
de Psittalie, s'élève, sur les dernières hauteurs du
mont Ægaléos, un mamelon surmonté d'un tumulus
hellénique. De cette éminence, la vue embrasse
le golfe Saronique, l'île de Salamine et tout le canal
qui sépare cette île de la côte attique. C'est le
théâtre de la bataille de Salamine. Les sept ou huit
cents vaisseaux perses, rangés en demi-cercle, sur
trois lignes, en arrière de Psittalie, appuyaient leur
droite au rivage du Pirée; leur gauche s'étendait
jusqu'à Salamine. Ces vaisseaux étaient ainsi en partie
cachés, par l'île de Psittalie et par le long promontoire de Cynosure, à la flotte des Grecs qui défendait
l'entrée du canal. Xerxès, qui voulait assister à la
victoire de sa flotte, sans danger et comme à une
naumachie de cirque, avait fait, le matin de l'action, placer son trône à pieds d'argent sur le mamelon où nous nous postons nous-même pour chercher la position des deux armées navales. Le grand
roi s'assit sur la croupe d'un rocher. A la pointe
du jour, il compta ses milliers de guerriers : au
coucher du soleil, où étaient-ils? « Xerxès, dit
Eschyle, les a tous amenés; Xerxès les a tous perdus!»

$$\text{Ξέρξης μὲν ἤγαγεν....}$$
$$\text{Ξέρξης δ'ἀπώλεσεν....}$$

Après Salamine, c'est Platées, c'est Mycales qui chassent à jamais les Perses du sol de la Grèce. Mais pour Athènes il n'est pas que la Perse à redouter. Sparte jalouse la cité de Pallas qui, par ses victoires et sa généreuse conduite dans les guerres médiques, a mérité le nom de Rempart de la Grèce. Aussi habile politique que grand capitaine, Thémistocle devine les secrets sentiments des Spartiates, et dès qu'il rentre à Athènes il fait passer un décret qui défend à tout citoyen de s'occuper de reconstruire sa maison avant que les murailles de la cité et de la citadelle ne soient relevées. Les Athéniens se mettent aussitôt à l'œuvre. Des ambassadeurs spartiates sont députés pour porter plainte au sujet de ces fortifications. Thémistocle reçoit les Lacédémoniens, puis il se fait envoyer à Sparte, et durant trois mois il amuse les éphores par des paroles à la Ulysse. Pendant ce temps les murailles sont reconstruites. Quand Thémistocle quitta Lacédémone, Athènes à l'abri de ses remparts, ne craignait plus son envieuse rivale du Péloponèse.

Aujourd'hui, les murs de défense d'Athènes sont entièrement détruits ; mais quelques assises antiques nouvellement découvertes, quelques pierres écroulées permettent au curieux et à l'archéologue de suivre le circuit des remparts et de connaître les limites de l'Athènes du ve siècle. Le mur d'enceinte partait du pied ouest de la colline de l'Ouest, se dirigeant vers le nord-est; il passait entre le Barathron, ravine garnie de pointes d'acier où on précipitait les traîtres, et la colline des Nymphes, où s'élève aujourd'hui l'Observatoire du baron Sina. La muraille montait alors droit au nord, coupant la ligne du chemin de fer du Pirée à deux cents mètres du temple de Thésée. Après avoir brusquement tourné à l'est, le rempart traversait le nouveau quartier d'Athènes à l'extrémité des rues d'Éole et de Minerve, au-dessus du Musée du Barbakion et du théâtre, puis il s'infléchissait vers le sud-est, passait entre l'église de Saint-Théodore et l'Université, descendait vers le sud, longeant les dernières pentes du Lycabette et enserrant le Sénat, et plus bas, par un léger coude, les jardins et le Palais du Roi. Le mur suivait alors, à moins de deux cents mètres, le cours de l'Ilissus, et après un nouveau coude près du cimetière protestant, il venait raser l'angle sud-est de l'enceinte du temple de Jupiter Olympien. De là, il atteignait, par une ligne brisée qui dessinait un saillant près de l'hôpital militaire, la colline de Musée qu'il partageait à son sommet; puis suivant, toujours à son sommet, les sinuosités de cette colline, il redescendait dans le vallon pour remonter aussitôt le long de la colline de l'Ouest et venir fermer l'enceinte au pied de cette colline.

Au nord de l'Acropole on trouve encore des parties entières, sinon intactes, du mur reconstruit à la hâte pendant l'ambassade de Thémistocle à Sparte, qui nous sont un irrécusable témoignage de la véracité de Thucydide : « On peut juger, dit l'historien, avec quelle hâte les murs ont été bâtis, car on a employé comme matériaux des pierres de toute espèce, sans plan arrêté, mais selon que chacun les apportait. Un grand nombre de stèles funéraires et de pierres sculptées y sont encastrées ». Le mur de Thémistocle, en effet, est construit avec des tambours de colonnes brisées et des fragments d'architraves. Ainsi, à mesure que l'histoire d'Athènes se dégage des légendes, se précise, apparaît en pleine lumière, éclairée par les documents écrits, à mesure les monuments et les ruines se multiplient pour commenter et affirmer les récits des historiens.

Thémistocle, qui avait été le premier à juger que la grandeur et la puissance d'Athènes seraient dans sa marine, et que les Athéniens devaient renoncer à la suprématie continentale pour atteindre plus sûrement à l'empire de la mer, Thémistocle voulut qu'Athènes eût un port digne d'elle. Le petit port de Phalère ne suffisait plus à un État maritime tel qu'Athènes, qui pouvait mettre en ligne plus de trois cents vaisseaux de guerre ; mais à quelques portées de flèche de la rade de Phalère, au dème

du Pirée, la côte formait un vaste bassin, défendu
par la presqu'île de Munychie, tout à fait propre à
abriter une flotte considérable. Thémistocle fit immédiatement commencer les digues, les quais, les
fortifications. Bientôt Athènes eut trois ports au lieu
d'un : Phalère (aujourd'hui Porto-Phanari), dans la
baie de Phalère, Munychie (Stratiosiki) dans une
anse, admirablement formée, de la presqu'île de ce
nom, et le Pirée, le plus grand de tous, divisé
lui-même en plusieurs bassins : le port de Zéa pour
les navires chargés de blé, le Cantharos où étaient
établis les chantiers, l'Emporion, port de commerce,
l'Aphrodision et le Phreatys, ports militaires. On
peut retrouver l'emplacement de ces divers ports,
ainsi que celui des monuments qui ne tardèrent
pas à décorer le Pirée : les Cinq Portiques, le
Théâtre, le temple de Jupiter Sauveur. Le port fut
enceint d'une muraille dont on trouve aussi quelques vestiges. Haute de quarante coudées, longue
de soixante stades et si large que deux chariots y
pouvaient passer de front, elle était construite avec
d'énormes blocs de pierre joints par des crampons
de fer.

Thémistocle voulait aussi relier le port à la ville
par un double rempart. Mais il ne devait pas voir
son projet mis à exécution. Banni, puis rappelé, puis
de nouveau banni par les Athéniens, il mourut

comme on sait, en Perse, où il n'avait pas craint d'aller demander asile à son ennemi le grand roi. Plus tard ses ossements secrètement rapportés en Attique furent enterrés au Pirée. A la pointe la plus extrême du promontoire Alcimos, au pied du mât qui sert à faire les signaux, on montre une grande fosse rectangulaire creusée dans le rocher, souvent couverte par l'écume rejaillissante des lames qui se brisent. Là, dit-on, est le tombeau de Thémistocle ; là repose le héros, en terre grecque, au bruissement éternel des vagues qui portaient sa trirème à Salamine.

L'œuvre de Thémistocle fut achevée par son ennemi politique, Cimon. Très riche, Cimon employa sa fortune à subvenir en grande partie aux frais des fortifications et des embellissements de la ville et du port. Il construisit les Longs-Murs, dont on voit des vestiges à la sortie du Pirée, au point où la nouvelle voie ferrée croise la grande route, et ici et là, dans la plaine, au milieu des champs et des vignes. Les assises, qui ont environ douze pieds d'épaisseur, se composent de grosses pierres taillées angulairement. Les Longs-Murs, double rempart entre lequel s'étendait une longue voie, large d'environ cent soixante mètres, qui faisait communiquer le Pirée avec Athènes, s'amorçaient aux fortifications du port : le mur septentrional, au sud du marais salant de

Halae, le mur méridional, un peu à l'ouest et au-dessus du point où le Céphise se mêle à l'Ilissus. Les deux murs se rejoignaient à environ quinze cents mètres du Pirée et se dirigeaient alors, parallèlement l'un à l'autre, en ligne droite, dans l'axe des Propylées, jusqu'à ce qu'ils atteignissent, au pied de la colline de l'Ouest, l'enceinte continue de la ville. Trente ans plus tard, on construisit un troisième Long-Mur, dit Mur de Phalère, qui partait de l'extrémité orientale de la rade de Phalère et qui venait se rattacher à l'enceinte au pied de la colline de Musée. Selon le témoignage de Thucydide, confirmé aujourd'hui par l'étude du terrain et des ruines, les remparts d'Athènes, en y comprenant les fortifications du Pirée et les Longs-Murs, avaient une étendue de près de cent cinquante stades, environ vingt-quatre kilomètres.

Cimon ne se contenta pas d'élever les Longs-Murs. A chaque pas, les ruines d'Athènes attestent son activité et sa magnificence. C'est le mur sud de l'Acropole, régulièrement construit par assises en retraite les unes sur les autres. C'est le Temple de Thésée, que Cimon édifia quand il eut ramené de Scyros les restes du héros. C'est le temple de la Victoire Aptère, cet adorable ædicule qui donne l'idée de grandeur par l'eurhytmie de ses lignes et la beauté de ses formes. Cimon le fit construire en commémoration de sa victoire aux bouches de l'Eurymédon. La statue, fort ancienne, de la déesse à laquelle le temple était consacré, était de bois et d'un travail primitif. On disait qu'on l'avait représentée sans ailes, « afin qu'elle restât toujours avec les Athéniens ». Voilà ce que fit Cimon, ce qui ne l'empêcha pas d'être banni d'Athènes, comme l'avaient été Thésée malgré sa quasi-divinité, Miltiade malgré les lauriers de Marathon, Thémistocle malgré la patrie sauvée à Salamine, comme devaient l'être Aristide malgré sa sagesse, Alcibiade malgré ses services et sa séduction, Démosthène malgré son éloquence et son patriotisme. L'histoire d'Athènes n'est-elle pas le martyrologe de ses héros? Mais, pour Athènes, il n'y avait pas d'homme indispensable, car Athènes remplaçait Thémistocle par Cimon, Cimon par Aristide et Aristide par Périclès.

Au sommet de l'Acropole, entre l'Erechthéion et le Parthénon, deux pyramides tronquées de marbre pentélique rappellent, sans le nommer lui-même, l'œuvre d'Aristide mieux que ne le ferait la plus belle statue. Sur les quatre faces de ces stèles, on déchiffre les noms des villes tributaires d'Athènes et le total des sommes qu'elles ont envoyées à la métropole, de l'Olympiade LXXXII à l'Olympiade LXXXVIII. Deux cent quatre-vingt-un noms de villes seulement sont inscrits, et on n'a point recueilli tous les fragments d'inscriptions. Aristophane dit que « mille cités reconnaissaient l'hégémonie d'Athènes ». Si les Athéniens commandaient à ces mille cités qui leur donnaient argent, soldats et vaisseaux, c'était à Aristide qu'ils le devaient. C'était Aristide qui avait conçu, discuté et fait adopter le traité de Délos, convention par laquelle toutes les cités ioniennes des îles étaient soumises à la suzeraineté athénienne. Du pied même de ces pyramides, qui témoignent de la grande œuvre d'Aristide, on aperçoit au loin la baie de Salamine, où il combattit, et on voit dans la plaine, au bas de l'Acropole, cette agora où vingt mille citoyens s'assemblèrent pour le bannir de la cité. Voilà la vie des héros d'Athènes : glorieuse, tragique, mais enviable après tout, puisqu'ils vécurent tous pour la grandeur de la patrie. L'ingratitude des peuples n'efface pas de la conscience humaine le souvenir des services qu'on leur a rendus.

V

Trois hommes avaient ouvert la voie à Périclès : Thémistocle, en faisant d'Athènes la première puissance maritime de la Hellade ; Cimon, en commençant avec magnificence les travaux de la cité ; Aristide,

3.

en établissant les tributs qui donnaient à Athènes d'immenses revenus. Périclès, qui ne fut ni plus grand politique que Thémistocle, ni plus valeureux capitaine que Cimon, ni plus habile administrateur qu'Aristide, les dépasse aux yeux de la postérité, parce que, venu le dernier, il les résume tous les trois. On va même jusqu'à faire gloire à Périclès de la politique extérieure inaugurée par Thémistocle, des conquêtes et des monuments de Cimon, des traités et de la sage administration d'Aristide. Les édifices que Périclès n'a fait qu'achever, on les lui attribue; ceux qu'il n'a fait que commencer, on les lui attribue aussi. Pourquoi cette partialité, puisqu'à Athènes tant de marbre nomme Périclès? Dans la plaine c'est le temple de Jupiter Olympien auquel il fit longtemps travailler. A l'Acropole, c'est le magnifique escalier et le grandiose portique des Propylées, la Pinacothèque, le Parthénon, qui suffirait à la gloire de dix siècles, enfin ces innombrables statues, dont fragments, piédestaux, inscriptions jonchent encore le sol. Sur le versant sud du rocher, c'est l'Odéon, le portique d'Eumène, le théâtre de Bacchus, qui pouvait contenir trente mille spectateurs. Périclès ne revit pas tout seul dans ces monuments et dans ces ruines. N'accompagnent-ils pas, évoqués par son œuvre, celui qu'on appelait l'Olympien, ces grands hommes qui semblent avoir mis des bornes au génie humain : Phidias, Ictinus, Callicrate, Panaenos, Polygnote, Eschyle, Aristophane! Dans la cella du Parthénon, l'emplacement de la statue de Minerve, de Phidias, ce colosse d'or et d'ivoire, haut de quarante-cinq pieds, n'est-il pas marqué par un pavement de tuf, qui maintenait l'humidité nécessaire à la conservation de l'ivoire? Sur les murailles de la Pinacothèque, ne cherche-t-on pas la trace des fresques ou des tableaux de Polygnote? Et au théâtre de Bacchus, n'entend-on pas l'écho des grands vers d'Eschyle et de Sophocle, des sanglots d'Euripide et du rire violent d'Aristophane?

Affolé de magnificence, stimulé par Périclès, le peuple athénien voit sans effroi les sommes immenses du trésor de guerre servir à la pompe des fêtes chorégiques et aux embellissements de la ville. Un jour Phidias dit au peuple, en pleine assemblée, qu'il peut faire *les nus* de la statue de Minerve en marbre au lieu de les faire en ivoire, ce qui, ajoute-t-il, sera aussi beau et moins coûteux. A ces mots, le peuple se récrie, et déclare qu'il est indigne d'Athènes d'agiter de telles questions d'économie quand il s'agit de la statue de la déesse. Mais bientôt, les travaux s'arrêtent, le chœur des poètes est dominé par les sauvages clameurs de la guerre. La lutte entre Sparte et Athènes, qui

menaçait la Grèce depuis un demi-siècle, commence.
Les Lacédémoniens envahissent l'Attique, forcent
les habitants à se réfugier dans la ville. Athènes
devient une ville de guerre. Nuit et jour, on monte
la garde aux remparts. Tout le monde est en armes.
Les commères d'Aristophane parlent de ces hommes
qui viennent au marché casque en tête et pique
en main. Les émigrants campent dans le Pélasgicon,
dans l'enceinte des temples, entre les Longs-Murs.
L'espace de terrain où on a découvert récemment
toute une nécropole, qui s'étend au nord-ouest de
la petite chapelle de Saint-Anastasios, entre la route
de Pirée et la route d'Eleusis, nous réprésente le
célèbre Céramique-Extérieur. C'est le souvenir des
jours heureux d'Athènes, alors que chevaliers et
hétaïres venaient galamment errer sous les platanes
touffus qui ombrageaient les stèles et les cippes de
marbre; c'est aussi le souvenir des jours les plus
sinistres qui se levèrent pour la cité, alors que
Périclès prononçait sa belle oraison funèbre des
soldats tués à Potidée, alors qu'il s'évanouissait en
posant la couronne funéraire sur la tombe de son
dernier fils, emporté par la peste.

Périclès mort, ce fut Alcibiade qui mena la guerre.
Si nous voulons retrouver Alcibiade dans sa gloire,
il faut aller au Pnyx entendre son éloquence persua-
sive, au Pirée voir son embarquement pour la Sicile

ou son retour d'Ionie, quand il entra dans le port avec les trophées de vingt victoires. Il faut suivre la route d'Éleusis jusqu'à la sortie du bois d'oliviers où l'antique voie sacrée se confond avec la route moderne. C'est sur ce chemin plein de souvenirs vénérés qu'Alcibiade, à la tête de son armée, mena en grande pompe à Éleusis la théorie athénienne qui depuis quatre années n'osait plus, de peur des coureurs lacédémoniens, accomplir ce pieux devoir. Il faut admirer l'Éréchthéion qui, commencé sans doute du vivant de Périclès, fut achevé en 407, après que les victoires d'Alcibiade eurent rendu le courage et la prospérité à Athènes. Si nous voulons voir Alcibiade dans sa honte, il faut aller à cinq lieues au nord d'Athènes, au pied du mont Parnès, à l'entrée du défilé de Décélie. Là, sur un sommet escarpé, on trouve un amas de gros blocs de pierres, presque ensevelies sous une sauvage végétation. C'est le monument impérissable de la trahison d'Alcibiade, car ce sont les ruines de la forteresse que, sur les conseils du transfuge, les Lacédémoniens élevèrent en 413, au cœur même de l'Attique.

De ces temps de guerres, de révolutions, de terreurs et de proscriptions, combien de souvenirs encore! le temple de Thésée où les futurs Quatre-Cents s'assemblèrent pour décréter l'abolition du gouvernement démocratique; l'Étionéa, cette langue de terre qui s'avance à l'entrée ouest du Pirée, sur laquelle les Quatre-Cents commencèrent des fortifications, moins pour défendre le port contre une surprise des flottes ennemies, comme ils le prétendaient, que pour se défendre eux-mêmes contre les justes représailles des Athéniens; enfin ces ruines des remparts et des Longs-Murs dont Lysandre, Alcibiade proscrit pour la seconde fois, les flottes d'Athènes capturées, ses armées détruites, sa population réduite à la famine après un siège de huit mois, exigea la destruction par les mains des Athéniens eux-mêmes et sous les yeux de l'armée lacédémonienne victorieuse. Lysandre établit la tyrannie des Trente, et l'Acropole qui, depuis plus d'un siècle, ne servait plus de demeure qu'aux dieux, dut recevoir une garnison lacédémonienne. Si cette fois la glorieuse Acropole nous rappelle une des hontes et des douleurs d'Athènes, les ruines de la petite Acropole de Munychie nous disent que les crimes des Trente suscitèrent un vengeur. Thrasybule, le compagnon d'armes d'Alcibiade dans les guerres d'Ionie, occupa Munychie à la tête de quelques centaines d'hommes résolus. L'armée entière des Trente vint leur livrer bataille. Un devin qui était dans la petite troupe de Thrasybule dit à celui-ci que la science divinatoire l'avertissait qu'il ne fallait pas engager l'action avant qu'un des leurs n'eût été tué. Cela dit, le

devin se jeta, poitrine découverte, sur les piques
ennemies. Le combat eu lieu entre l'Acropole de
Munychie et le marché d'Hippodamos, à l'endroit
où s'élève aujourd'hui le monument funéraire des
soldats français et anglais. Les tyrans vaincus se
réfugièrent à Eleusis; la démocratie fut rétablie à
Athènes.

Le premier acte de Thrasybule avait été de pro-
clamer une amnistie en faveur des partisans des
Trente. Cette amnistie fut religieusement observée.
Toutefois quelques citoyens ne pouvaient pardonner à Socrate d'avoir toujours critiqué la démocratie au profit de l'oligarchie et d'avoir été le
maître de Critias, le plus sanguinaire des Trente
Tyrans. L'amnistie couvrait Socrate au point de
vue politique, ses ennemis l'attaquèrent au point
de vue religieux. Le procès de Socrate fut un
procès tout politique sous le couvert de la religion.
Les chambres souterraines de la colline de Musée
rappellent cette condamnation. Cette grotte qui,
nous l'avons dit, paraît, à cause de sa construction
très ancienne, avoir servi de Trésor dans les temps
primitifs, pourrait en effet avoir été plus tard uti-
lisée comme prison. Moins grande et plus sûre que
les autres prisons de la ville, elle aurait été affectée
aux condamnés à mort. C'est, croit-on, dans celle de
ces deux chambres qui est en forme de rotonde, que

Socrate but la ciguë : c'est là qu'il faudrait relire, sur le lieu même qui les a inspirées, les admirables pages du *Phédon*.

A la chute des Trente, Athènes avait recouvré la liberté ; malgré son énergie et ses efforts pendant la première période du IV° siècle, elle ne parvint à retrouver que l'ombre de sa puissance passée. En vain s'allia-t-elle aux Thébains contre Sparte et à Sparte contre les Thébains ; en vain Conon, qui avait obtenu la confiance du grand roi, fit-il relever, à l'aide des subsides de la Perse, les murailles de la citadelle et de l'enceinte (on voit au sud de l'Acropole un fragment du mur de Conon, construit avec tout l'art et toute la précision de la belle époque de l'architecture hellénique) ; en vain Iphicrate, Chabrias, Phocion lui inventèrent-ils une nouvelle tactique et lui donnèrent-ils de nouvelles victoires, Athènes ne joua plus qu'un rôle secondaire dans les intrigues et les luttes du monde grec. Les Athéniens ne voyaient pas leur déchéance, aveuglés par les splendeurs de leur cité qu'ils décoraient encore de nouveaux édifices et par les pompes des fêtes liturgiques. La plupart des monuments chorégiques, entre autres le charmant aedicule de Lysicrate, connu sous le nom de Lanterne de Démosthène, datent de cette époque. Les Athéniens allaient au bord de l'Ilissus voir courir et lutter les athlètes dans ce magnifique stade, construit par l'orateur Lycurgue, dont on admire encore les belles proportions; ils allaient au théâtre de Bacchus entendre les comédies de Philémon et de Ménandre; ils allaient dans ce jardin de l'Académie qu'on retrouve aujourd'hui au nord-est de la ville, bas-fond couvert de plants d'oliviers et d'herbes potagères, écouter les leçons de Platon et les objections d'Aristote. Et ils oubliaient trop facilement l'abaissement politique et militaire d'Athènes en voyant qu'Athènes était encore la grande cité de l'art et de la pensée.

Au temps des agressions de Philippe de Macédoine, la voix puissante de Démosthène retentit au Pnyx et appelle aux armes la population d'Athènes. Mais ni l'éloquence de Démosthène, ni les derniers efforts des Athéniens, ni leur sang versé sur le champ de bataille de Chéronée ne sauvèrent la Grèce de l'invasion macédonienne. Vaincus dans la guerre Sacrée, vaincus dans la guerre Lamiaque, les Athéniens, après de vaillantes défenses et de généreuses révoltes, durent subir la domination étrangère. Quand les Gaulois envahirent la Grèce, Athènes trouva encore mille hoplites à envoyer aux Thermopyles, mais aux jours de la conquête romaine, Athènes, qui deux siècles auparavant comptait ses navires de guerre par centaines, Athènes n'avait plus que trois trirèmes en état de tenir la mer.

Le gymnase de Ptolémée, la Tour des Vents, le monument de Philoppapos, l'Odéon de Régilla, l'arc d'Hadrien, enfin tous les piédestaux de l'Acropole, découronnés de leurs statues qu'avaient enlevées les vainqueurs, et portant à leur base des inscriptions où aux noms des dieux et des héros sont substitués ceux des empereurs et des proconsuls, peuvent encore faire connaître l'histoire d'Athènes sous la domination romaine. Mais déjà l'histoire d'Athènes est terminée. Les peuples asservis n'ont pas d'histoire.

Athènes, août 1868. — Paris, juin-juillet 1876.

HERCULE

Varron dit qu'il y a eu quarante Hercules. Ce n'est pas trop si on songe à la multiplicité des travaux du héros. La vie d'un seul homme, celle même d'un seul dieu, n'y eût pas suffi. Du premier jour d'Hercule date le premier de ses exploits. A peine est-il né qu'il étrangle deux énormes serpents envoyés par Junon pour l'étouffer dans son berceau. Dès qu'il a l'âge d'homme, il commence cette héroïque chasse aux monstres que, sans trêve ni relâche, il poursuivra jusqu'à sa mort. Il tue le lion de Némée et le lion du mont Cythéron, il terrasse le sanglier d'Érymanthe, il dompte le taureau de Crête, il s'empare des cavales furieuses de Diomède, il dissipe l'horrible nuée des oiseaux Stymphalides, il tranche les cent têtes toujours renaissantes de l'hydre de

Lerne, il égorge le brigand Cacus, il atteint à la course la biche Céryniade, il détourne de leur cours l'Alphée et le Pénée, et les fait passer comme un double torrent à travers les étables d'Augias. Il abat à coups de flèches l'aigle qui ronge le foie de Prométhée, l'audacieux voleur de tonnerre. Il combat les Amazones et les Centaures, les Ligures et les Troyens, les Géants et les Pygmées. Il bande son arc contre le Soleil, et il pose deux colonnes au détroit de Gadès pour marquer qu'il a été aux limites du monde. Partout, en Grèce, en Afrique, en Asie, chez les Cimmériens, chez les Hyperboréens, sur la terre entière, jusqu'au seuil des enfers dont il attache le chien Cerbère, Hercule fait sentir la force de ses bras — « de ses bras robustes qu'il aime tant », dit Sophocle. « Toujours vaillant, toujours » invincible, chante l'hymne orphique, le héros » superbe parcourt le monde de l'orient au cou- » chant, affrontant sans cesse les plus terribles com- » bats. »

Type multiple et toujours grandiose dans ses aspects les plus divers, il semble que tous les génies de l'antiquité se soient réunis pour créer et parfaire cette colossale figure d'Hercule, à peine ébauchée par les traditions primitives. Pallas, la vierge des acropoles, est sortie tout armée du cerveau de « l'Assembleur de nuages ». Il n'en est pas de même d'Hercule. Ce n'est que peu à peu et d'âge en âge que ce grand type a atteint son complet développement. Tour à tour, les poètes et les philosophes sont venus enrichir sa légende. Depuis Homère jusqu'à Épictète et à Maxime de Tyr, tous les cycles poétiques, toutes les écoles tragiques ou comiques, toutes les sectes philosophiques se sont *essayés* sur le type d'Hercule [1].

Dans Homère, Hercule apparaît non comme un dieu, mais comme un héros; quelquefois seulement comme un homme divinisé. « Je chanterai » Hercule, fils de Jupiter, excellent *parmi les hom-* » *mes*, qu'a engendré dans Thèbes aux belles danses » Alcmène unie à Jupiter, assembleur de nuées; » Hercule, qui, autrefois, sur la terre immense et » la mer, errant, soumis au roi Eurysthéus, fit beau- » coup de violences et en supporta beaucoup. Mais » maintenant, dans la belle demeure de l'Olympe » neigeux, il jouit du repos et possède Hébé aux » beaux talons. Salut! *prince*, fils de Jupiter, donne- » moi la vertu et la félicité. » Ce petit hymne est toute la synthèse de la légende d'Hercule et assigne déjà à son type ses principaux caractères.

---

1. Cette part créatrice dans la légende d'Hercule des rhapsodes, des tragiques, des comiques et des philosophes grecs, M. Emmanuel des Essarts a réussi à l'établir et à la préciser dans un livre plein de talent et de savoir : *L'Hercule grec, du type d'Hercule dans la littérature grecque.*

Dans cet hymne, comme dans l'Iliade, comme dans l'Odyssée, Hercule est à la fois force du bien par ses travaux et ses bienfaits, et force du mal par ses crimes et ses violences. Les poètes postérieurs pourront s'écarter plus ou moins de la tradition homérique, ils ne s'en éloigneront jamais tout à fait. Hésiode, dont chaque vers accuse le naturalisme, montre surtout le caractère physique du mythe d'Hercule. Les cycliques et les lyriques, sans en excepter le Thébain Pindare, le compatriote du « Cœur de Lion », n'ajoutent rien d'important au type ni au mythe d'Hercule ; ils se bornent à grossir sa légende de nombreuses aventures et de nouveaux travaux. Avec eux est à peu près arrêté le catalogue des exploits de celui à qui Alcmène disait : « O mon fils, Jupiter, ton père, t'a » engendré grand et malheureux entre tous les » hommes ! »

Les tragiques dramatisent Hercule. Eschyle fait de lui un audacieux de la race de Prométhée ; c'est un Titan, mais, dans ses révoltes, il reste soumis aux dieux. Sophocle le peint dans les *Trachiniennes* couronné d'un prestige divin, bien que vivant dans des conditions essentiellement humaines. Le poète montre sa cour, « son intérieur », dirions-nous aujourd'hui, semblable à celui d'Ulysse, d'Agamemnon ou de tout autre pasteur de peuples des temps héroïques. Encore avide de vengeance et de sang dans les premiers accès de fureur provoqués par la mortelle tunique du centaure, Hercule s'apaise graduellement et arrive à la résignation des stoïciens, à la sérénité olympienne, quand il monte sur le bûcher de l'OEta qui va lui donner l'apothéose.

Euripide dénature ce caractère si grand de simplicité et de patience. Dans *Hercule furieux*, le héros n'est qu'un déclamateur impie qui défie le ciel et blasphème les dieux, un découragé byronien qui se compare lui-même « à Ixion enchaîné sur une roue », un capitaine Fracasse rappelant sans cesse ses exploits passés et ayant toujours la menace et la rodomontade sur les lèvres: « Je remplirai l'Is-
» ménos de carnage et j'ensanglanterai les ondes lim-
» pides de Dircé. »

L'innombrable légion des Comiques de l'ancienne, de la moyenne et de la nouvelle comédie, n'ont vu dans Hercule que les intempérances et les excès de la force physique. Aristophane et ses rivaux et ses disciples en raillerie, représentent le grand li-
bérateur comme un glouton et un ivrogne, un ba-
tailleur et un débauché, toujours prêt à manger, à boire et à assommer. «Ah! c'est donc toi, Hercule
» bien-aimé. Dès que la déesse a su ton arrivée,
» elle a vite enfourné le pain et mis sur le feu

» deux ou trois marmites de pois cassés ; elle a fait
» rôtir un bœuf entier et griller des gâteaux et
» des galettes. Elle a fait encore bouillir des volailles,
» frire des croquettes et a préparé du vin délicieux.
» Allons, entre. Il y a aussi pour toi une joueuse
» de flûte ravissante et deux ou trois danseuses. »
Ainsi parle, dans les *Grenouilles*, une des interlo-
cutrices d'Hercule, la servante de Proserpine. Quel
dénombrement pantagruélique à réjouir frère Jean
des Entommeures ou sir John Falstaff !

Dans la même pièce, le chœur fait allusion aux
cinquante filles du roi Thespius qu'Hercule rendit
toutes mères en une seule nuit. Dans l'*Amalthée*
d'Eubulos, c'est Alcide, affamé, qui célèbre lui-même
sa voracité : « J'ai coutume de me nourrir de tout
ce qui est mangeable, de tout ce qui active la force
et la santé, de copieuse chair de bœuf cuite, de beaux
abattis de cochons de lait et de salaisons. Un aliment
gras ou sec ou entre les deux est en tous cas préfé-
rable à la prise de Troie .»

La poésie des premiers âges avait célébré dans
Hercule à la fois les vertus et les excès de la force ;
la comédie n'avait mis en scène Hercule que par ses
vices physiques ; la philosophie seule allait reconnaître
la grandeur morale du héros. Réparation suprême
pour le fils de Jupiter des sarcasmes d'Aristophane
et de Cratinos, les stoïciens revendiquèrent le héros

porte-douleur comme leur patron. Pour Epictète et ses disciples, comme pour Plutarque, Ælius Aristides et Maxime de Tyr, Hercule est le patient et résigné travailleur, le lutteur stoïque, auxiliaire et rédempteur de la race humaine. Ils personnifient en lui toutes les fortes vertus morales. Cette transformation tardive du type d'Hercule n'est peut-être pas tout à fait conforme aux traditions primitives, niais c'est une admirable transfiguration.

De même que le caractère d'Hercule a été diversement interprété par la poésie antique, de même son type plastique a été diversement exprimé par l'art. Dans la sculpture, dans la peinture, dans la glyptique, dans les médailles et dans les décors de vases, les images d'Hercule abondent. Les plus anciens ouvrages de l'art montrent Hercule, conçu comme un héros, sous l'aspect d'un homme jeune et sans barbe. La figure élégante et les membres bien proportionnés indiquent la vigueur et l'énergie mais non une force musculaire exagérée. Il est armé, à la façon des guerriers hellènes, du casque, de la cuirasse et des cnémides; il porte le glaive.

L'idée symbolique de la force de la nature personnifiée ne tarde pas à succéder à l'idée anthropomorphite du héros destructeur des monstres, divinisé après sa mort. A la grande époque de l'art

4

grec, Hercule apparaît comme le prototype de la force physique. Il est nu. Sa petite tête si énergique, aux rides accentuées, aux cheveux courts et crépus, à la barbe rude, pose sur un véritable cou de taureau, massif comme le fût d'une colonne de marbre, solide comme la poutre d'un bélier. La charpente du corps est gigantesque. Sur la large poitrine, les pectoraux font saillie. Les membres, endurcis par les exercices continus, sont couverts d'une couche musculaire d'un développement extraordinaire. Pour toute arme, Hercule a la massue, — un tronc d'arbre qu'il a déraciné dans la forêt de Némée, — et parfois il porte comme une armure et comme un vêtement la peau du lion néméen. Cette manière de représenter Hercule s'est perpétuée jusqu'aux derniers temps de la décadence de l'art gréco-romain. Les deux plus beaux modèles qui en restent sont le Torse du Belvédère et l'Hercule Farnèse. L'Hercule Farnèse figure le dieu dans tout l'effort de sa force. Les muscles sont tendus à faire crever la peau, les veines se gonflent à se briser. Le Torse du Belvédère, c'est Hercule au repos. Les muscles distendus se perdent presque sous l'enveloppe charnue. On dirait l'Océan par un temps calme, contenant ses vagues.

Quelques statuettes, quelques bas-reliefs, quelques gemmes, quelques peintures de vases, datant pour

la plupart des époques de décadence, représentent
Hercule d'une façon plus conforme aux doctrines
evhéméristes. C'est Hercule divinisé, Hercule admis
dans l'Olympe et uni à Hébé. Les traits du héros
ont repris le caractère de la jeunesse, car l'apothéose donne aux humains la jeunesse éternelle.
Les membres n'ont plus le développement exagéré
des muscles; ils redeviennent élégants de formes.
Hercule divinisé ne diffère d'Apollon que par la
grosseur du cou, l'ampleur de la poitrine et la
rudesse de la chevelure.

Les mythologues et les philosophes ont souvent
cherché à interpréter le mythe d'Hercule. Hercule
est-il un homme ou un dieu? Est-il le symbole de
la justice ou la personnification de la force de la
nature? Selon le système d'Evhemère, système que
ce philosophe applique à toutes les divinités du paganisme, Hercule serait un héros glorieux et vaillant, bienfaiteur de l'humanité et divinisé après sa
mort. D'après Creuzer, Hercule est un dieu solaire,
d'origine identique au Melkarthe des Phéniciens;
les Hellènes lui enlevèrent peu à peu son caractère
de divinité solaire et y substituèrent les idées humaines de la force physique et de la force morale.
Ottfried Müller explique le mythe primitif d'Hercule par l'anthropomorphisme. Il le regarde comme
un héros tutélaire, personnifiant les instincts de

justice vengeresse et de bravoure protectrice de la race dorienne. La doctrine mythologique la plus à la mode aujourd'hui, doctrine fondée sur l'étymologie des noms divins, qui sont tous plus ou moins formés de mots exprimant une puissance de la nature [1], voit dans Hercule (Ἡρακλῆς) la manifestation de la gloire de l'air (de Ἥρα, Junon, qui viendrait de ἀήρ, air, et de κλέος, gloire).

Le mythe d'Hercule n'est-il pas aussi l'expression d'une idée morale, presque d'une idée chrétienne? N'est-il pas permis de voir dans Hercule le symbole de l'humanité? Fils deux fois adultérin de Jupiter et d'Alcmène, on croirait que cette double tache originelle prédestine Hercule aux labeurs sans trêve et aux luttes incessantes de la famille humaine. « Tu gagneras ta vie à la sueur de ton front, ta divinité au sang de ton corps, » lui dit la jalouse femme de Jupiter, la vindicative Junon aux bras blancs. Il y a de la race d'Adam chassé de l'Eden dans ce lutteur intrépide soumis à nos tentations et à nos chutes. On connaît la belle allégorie de Prodikos qui fait songer à Jésus tenté sur la montagne. Le grand rédempteur des âges héroïques triompha de la tentation, comme plus tard le divin rédempteur

---

1. Voir les études de mythologie et de philologie comparées, de MM. Max Muller, Preller, A. Maury, L. Ménard, Michel Bréal, F. Baudry.

du monde chrétien. Mais Hercule n'avait pas été conçu sans péché. Quelle que fût sa volonté de rompre avec les attaches humaines, il succomba souvent encore aux faiblesses et aux passions de l'infime nature. Il lui fallut toute une vie de rudes travaux et de labeurs sanglants, il lui fallut une mort de martyr sur le bûcher expiatoire de l'OEta pour trouver enfin le repos dans l'immortalité.

Août 1871.

III

LA FEMME A ATHÈNES

I

LA FEMME

La femme athénienne était-elle une esclave, le gynécée était-il une prison? Doit-on se représenter l'existence de l'épouse d'un eupatride par celle d'une des femmes légitimes d'un pacha? Tel est le doute qui s'impose à celui qui étudie la société athénienne, telles sont les questions qu'on a mainte fois soulevées, discutées, mais non point résolues tout à fait. C'est qu'il est fort difficile, en effet, de bien connaitre et d'exposer avec certitude la condition de la femme dans la famille athénienne et dans la société d'Athènes. La loi religieuse, si intimement liée en Grèce à la loi civile, est en contradiction avec celle-ci relativement à la femme. L'une lui accorde tout; l'autre rien. Par surcroît, les mœurs et les coutumes, qui se modifient à chaque époque de l'histoire de la Grèce, ajoutent à la confusion en rendant à la femme une partie de l'autorité et de la liberté que lui a enlevée la loi. Si nombreux qu'ils soient, on peut dire que les documents manquent. A-t-on recours au droit attique, dont il n'existe que des fragments et qu'on doit reconstruire à peu près comme Cuvier reconstruisait le monde antédiluvien, il faut s'en rapporter à quelques textes de lois, à quelques arguments juridiques cités et employés par des orateurs que, l'histoire en main, il est souvent aisé de convaincre d'imposture. Interroge-t-on les poètes tragiques, ils peignent les mœurs de l'âge héroïque, si différentes de celles de l'Athènes de Périclès. Interroge-t-on les comiques, on ne saurait retrouver la femme sous le masque brutalement modelé de la Comédie ancienne. Peut-on juger des Athéniennes par la Lysistrata ou la Praxagora d'Aristophane? Pour les auteurs de la Comédie nouvelle, on sait qu'il n'en reste que poussière. Questionne-t-on les historiens, ils parlent des traités et des batailles, nullement des femmes. Lit-on les philosophes et les moralistes, tous, sauf Xénophon, qui, dans son *Économique*, trace un portrait peut-être plus idéal que ressemblant de la femme, traitent assez cavalièrement la race de Pandore. Dans *la République*, Platon préconise la communauté des femmes; et dans sa *Poétique*, le philosophe de Stagyre déclare que la femme est un être de beaucoup inférieur à l'homme.

I

« Il est trois êtres qui ont besoin qu'on les gouverne : l'esclave, la femme et l'enfant. » Cette maxime d'Aristote résume tout le droit attique à l'égard de la femme. L'Athénienne est toujours en état de tutelle. Jeune fille, soumise à la puissance paternelle, c'est son père qui dispose d'elle et qui la marie avec celui qu'il a désigné. A Athènes, la femme ne se donne pas en mariage, elle est véritablement donnée. Le père est-il mort sans avoir, par une disposition testamentaire, désigné l'époux futur de sa fille, c'est le frère consanguin ou l'aïeul paternel héritier de la puissance paternelle qui doit marier l'orpheline. N'a-t-elle pas de fortune, ce frère ou cet aïeul devra lui constituer une dot. L'orpheline est-elle seule au monde au point de vue légal, c'est-à-dire sans père, ni frère, ni aïeul, elle passe sous la tutelle de l'archonte éponyme, qui la mariera lui-même. Si elle a quelque cousin et qu'elle soit riche, ce sera un droit pour celui-ci d'épouser

l'héritière ; si elle est pauvre ce sera un devoir,
auquel il pourra toutefois se soustraire en dotant
la jeune fille. Est-elle pauvre et sans parents, elle
sera dotée par le Trésor public.

L'Athénienne n'est jamais majeure. Le jour de
son mariage, elle passe de la tutelle paternelle sous
la tutelle maritale. Le mari a l'administration et la
jouissance de la dot. Hormis le cas de divorce, où la
fortune de la femme fait retour à ceux qui l'ont
donnée, cette fortune se confond avec celle du mari.
« Le mélange du vin et de l'eau, dit Plutarque, lors
» même que celle-ci est en plus grande quantité,
» conserve le nom de vin. Ainsi la maison doit
» toujours s'appeler du nom du mari, quand même
» la femme aurait apporté plus de biens que lui. »
La femme ne peut rien posséder en propre ; elle ne
peut signer aucun contrat, passer aucun marché,
acheter ni vendre quoi que ce soit dont la valeur
dépasse un médimne (16 drachmes) [1]. Elle peut

1. Isée, *de Heredit. Pyrrh.* — A la vérité, Démosthène
(*Contra Spudias*) dit que la veuve de Polyeucte avait fait à
Spudias un prêt de 1,800 drachmes constaté par écrit. Démosthène semble donc en désaccord avec Isée, comme l'ont
fait remarquer M. Paul Gide (*Etude sur la Femme dans le
droit ancien et moderne*) et M. Abel Desjardins (*De la condition de la Femme dans le droit civil des Athéniens*). Mais ces
deux écrivains n'ont pas remarqué que Démosthène ajoute
que la veuve de Polyeucte avait été, pour ce prêt, assistée
par ses frères devenus ses tuteurs légaux. Ainsi, il n'y a pas
contradiction entre les deux orateurs.

prêter le serment décisoire et déposer sous serment comme témoin ; mais il lui est interdit de plaider sa cause elle-même devant un tribunal, soit comme partie civile, soit même comme accusée. C'est ainsi que Périclès parla pour Aspasie et Hypéride pour Phryné. Le mari a tout pouvoir sur sa femme, en ce qui regarde l'intérêt de l'époux ou l'intérêt de l'épouse. Il peut la répudier sous le moindre prétexte, soit parce que des considérations d'argent ou d'ambition l'engagent à contracter une autre union, soit parce que sa femme sera plus heureuse auprès d'un homme plus jeune ou plus riche. Le mari peut forcer la femme à abandonner son enfant nouveau-né, si c'est une fille, car c'est au mari de juger s'il a assez de fortune pour entretenir une nombreuse famille. Le mari peut aussi marier sa fille sans consulter sa femme. A son lit de mort enfin, de même que le père peut disposer de sa fille par testament, par testament aussi le mari peut disposer de sa femme en désignant l'homme qu'elle devra épouser.

Ainsi, même par la mort du mari, la femme Athénienne n'est pas affranchie. Si, dans son testament, le mari ne lui a pas indiqué un nouvel époux, et si elle n'a pas d'enfant mâle, elle retourne dans sa famille et retombe sous la tutelle de son père ou de son frère pour être bientôt remariée.

Si, au contraire, elle a des enfants mineurs, elle garde souvent le veuvage, administrant la fortune de ses enfants, sous l'autorité du tuteur de ces enfants qui a été désigné par le mari, et qui devient ainsi son tuteur à elle-même [1]. Si son fils aîné est majeur, c'est lui qui devient le chef de la famille; à lui d'administrer les biens de ses frères mineurs, à lui de doter ses sœurs, à lui de subvenir aux besoins de sa mère, qui n'a rien à elle, et de la protéger. Par exception, toutefois, le mari pouvait laisser un legs particulier à sa femme, mais l'administration de cet argent était confiée à un curateur.

A Athènes, la femme est pour ainsi dire privée de tout droit civil. Elle ne peut par elle-même

---

1. Un passage du plaidoyer d'Eschine contre Timarque a, ce nous semble, mené à une conclusion contraire à l'esprit du droit attique. M. R. Lallier (*De la condition de la Femme dans la famille athénienne*), se fonde sur ce passage pour dire que la mère pouvait administrer par elle-même la fortune de ses enfants mineurs. En fait, oui; en droit, non. Quand Eschine parle de « ces maisons gouvernées par des femmes folles et orgueilleuses qui administrent la fortune de leurs enfants », l'orateur constate un fait, mais non un droit. Il est, en effet, hors de doute, que le plus souvent le tuteur laissait la mère libre de régler les dépenses de la maison et de disposer des revenus. Il n'intervenait que pour les placements de fonds et les actes publics. Encore son action se bornait-elle en général à quelques avis ou à une simple formalité, comme il arrive dans nos réunions de conseil de famille. C'est ainsi, nous l'avons dit, que les mœurs et les conventions sociales adoucissaient la sévérité des lois à l'égard de la femme.

ni contracter mariage, ni administrer, ni tester, ni acheter ou vendre par contrat, ni intenter ou soutenir un procès. Il est cependant des correctifs et des exceptions en faveur de la femme dans la législation athénienne. La femme n'est soumise au père, au mari ou au frère qu'autant que ce père, ce frère ou ce mari agit bien envers elle. Le tuteur de la femme n'est tuteur que parce qu'il est protecteur. Le jour où, au lieu de protéger, il nuit, la loi lui enlève la tutelle de la femme et la remet à un plus digne. Par exemple, si le père ou le frère, afin de ne pas donner de dot, s'obstine à ne point marier la jeune fille, l'archonte s'interpose sur la réclamation de tout citoyen et fait célébrer le mariage. Il est interdit au père de disposer par testament de sa fortune, s'il ne dispose en même temps de sa fille. La loi qui défend au citoyen d'adopter un enfant s'il a déjà des fils, le lui permet s'il a des filles, mais dans ce cas il doit faire épouser une de ses filles par l'adopté. Comme le mari, la femme peut, de sa propre volonté, demander et obtenir le divorce. Enfin tout citoyen, à défaut du ministère public, lequel n'existe pas à Athènes, a le devoir d'intenter au mari, qui tient sa femme dans un état d'oppression ou qui la maltraite, un procès pour mauvais traitement: Κακώσεως δίκη.

Ainsi, d'après le droit attique, le mari n'est pas

le maître, mais le tuteur de sa femme. Il n'a pas
sur elle, comme dans l'ancienne loi romaine, droit
de vie et de mort. La femme est un être faible qui
a besoin de protection. L'homme est son protecteur
naturel, et de là son tuteur légal. La situation de
la femme à l'égard du mari n'est pas celle de l'esclave
à l'égard du maître, c'est plutôt celle du jeune homme
ou de la jeune fille à l'égard du père. Les lois
d'Athènes traitaient les femmes en enfants, elles
ne les traitaient point en esclaves.

II

Les lois athéniennes étaient modifiées par les
mœurs, ces lois conventionnelles auxquelles le législateur n'a rien à faire et qui, vont souvent contre
l'esprit du législateur. Jusqu'au jour de son mariage,
il est vrai, l'Athénienne vivait dans un état de claus-
tration presque absolu sous la surveillance continue
de sa mère, qui, tout en lui donnant de sages conseils,
ne manquait pas de lui répéter souvent, dit Ménandre,
de « se tenir droite, d'effacer ses épaules et de
marcher avec grâce et dignité ». Sa vie s'écoulait
tranquille et monotone au fond du gynécée, dans
des études sommaires de lecture, d'écriture, de
musique, de chant, dans des travaux d'aiguille et
de quenouille. Elle devait encore seconder sa mère

dans la distribution de la tâche aux servantes. Elle sortait seulement de la maison, à quelques jours de fête, pour figurer dans les cérémonies sacrées. « Dès l'âge de sept ans, dit le chœur des femmes » dans *Lysistrata*, je portai les vases sacrés; à six » ans, je broyai l'orge pour l'autel de Minerve; puis, » vêtue de jaune, je fus consacrée à Diane dans » les Brauronies. Devenue grande et belle, on me » mit au cou un collier de figues sèches, et je fus » canéphore. » C'était aussi aux vierges d'Athènes qu'il appartenait de tisser le voile de Minerve.

Selon les expressions de Xénophon, la jeune fille « était dressée à ne rien voir, à ne rien entendre, à ne faire aucune question ». Il est juste de dire que l'Athénienne se mariait jeune, de quinze à dix-sept ans. Or son éducation — nous ne parlons pas de son instruction — ne tenait-elle pas beaucoup de l'éducation de la toute jeune fille, telle qu'on la comprenait encore il y a vingt ou trente ans? Aujourd'hui, cela a changé. La jeune fille contemporaine est habituée « à tout voir, à tout entendre, à faire mille questions ». La morale y a perdu, et la jeune fille, qui sera une femme, y a-t-elle gagné?

Dans le mariage, l'Athénienne trouvait plus de liberté, plus d'autorité, surtout plus de considération; plus de bonheur aussi, si elle aimait son mari d'un amour partagé. Et il en était souvent ainsi, car bien que Démosthène déclarât en pleine tribune par la bouche de Théomneste que les « Athéniens » avaient une maîtresse pour leurs plaisirs et une » femme pour garder la maison et pour faire des » enfants », beaucoup d'Athéniens estimaient que leur femme pouvait être à la fois la femme et la maîtresse. « La plupart des maris, dit Plutarque, » trouvent dans leur femme la société la plus char- » mante. » « C'est par la femme, disait aussi Simo- » nide, que l'homme voit fleurir sa vie. »

Mais, entre Athénien et Athénienne, la question de l'amour était rarement soulevée au moment du mariage. Il n'était pas rare que les époux se vissent pour la première fois la veille ou le jour même des noces. La vie claustrale de la jeune fille explique, sans l'excuser, cette étrange coutume, contre laquelle s'élève Platon. C'étaient le père de famille et le futur époux que regardait seuls le mariage. La jeune fille était en âge de se marier, il n'y aurait ni mésalliance entre les deux familles ni disproportion entre les deux fortunes, voilà ce qui importait à l'un et à l'autre. La mère, la jeune fille même n'étaient parfois pas consultées. Pour l'Athénien, qui souvent aussi n'avait pas vu la femme qu'il demandait en mariage, à moins qu'il ne l'eût aperçue dans le cortège des canéphores aux Panathénées, il ne faisait ni un mariage d'amour ni un mariage d'argent. Il se mariait parce qu'un homme devait être marié ; il se mariait parce que la loi athénienne frappait les célibataires de l'inégibilité aux fonctions publiques.

Le premier devoir de la femme était de faire des enfants. « Je te donne ma fille afin que naissent des enfants légitimes », telle était la formule consacrée par laquelle le père donnait sa fille en mariage. « Je paie ma part de l'impôt en donnant des hommes à l'État », dit une des héroïnes d'Aristophane.

Aux yeux des Athéniens, pour que l'association par le mariage de l'homme et de la femme soit fructueuse, il faut que l'un et l'autre prennent leur part du travail commun. Aucun d'eux ne doit rester oisif. Le rôle et les attributions de chacun sont nettement tranchés. A l'homme, la guerre, la politique, le commerce, l'industrie, la vie au dehors ; à la femme, le soin de la maison, les travaux domestiques, la vie de l'intérieur. A l'homme de gagner l'argent et de le faire valoir, à la femme de l'employer dans une sage administration et de l'économiser pour les enfants.

Dans son traité de l'*Économique*, Xénophon compare la femme à la reine des abeilles, « qui reste » dans la ruche et envoie les abeilles travailler au » dehors. Elle reçoit ce que chacune d'elles apporte

» et conserve les provisions jusqu'au moment de
» s'en servir. Elle préside à la construction des
» cellules, elle prend soin de la nourriture des
» essaims qui viennent d'éclore ». La femme est
l'économe de la maison. C'est elle qui donne la
tâche aux servantes, qui surveille les esclaves, qui
prend soin de la cuisine, du cellier, de la boulan-
gerie, qui reçoit les provisions, qui les distribue et
qui les range, qui fait filer les laines, qui a la
clef de la chambre où sont tous les objets précieux,
vases et coupes d'or, bijoux, vêtements pour les jours
de fête, argent monnayé. C'est encore à la femme,
qui a été de tout temps sœur de charité, qu'il appartient de soigner les esclaves malades. La femme
est souveraine dans son intérieur. Il serait ridicule
à l'homme de se mêler des détails du ménage. La
femme est δέσποινα: maîtresse.

Ses enfants occupent aussi beaucoup l'Athénienne. L'usage n'est pas qu'elle les nourrisse, mais
sans cesse elle est auprès de leur nourrice. C'est
elle, d'ailleurs, qui a cure de toute l'éducation des
filles et de la première éducation des garçons. Elle
partage leurs jeux et s'amuse avec eux à voir les
ébats des chiens et à écouter les gazouillements
des oiseaux en cage. Sa toilette lui prend le reste de
son temps, car l'Athénienne est coquette et a grand
soin de son corps. Chaque jour elle se baigne plu-

sieurs fois, elle se parfume, elle s'oint les cheveux
d'essence et se poudre avec de la poudre d'or ou
de safran, elle se farde le visage avec du blanc
de céruse et du rouge, elle se peint les yeux et les
sourcils. Elle porte des crépides à talons extrêmement
hauts, elle a des coiffures savantes, elle revêt des tuniques, des chlamydes, des manteaux, des écharpes,
des voiles rayés d'or ou brodés de fleurs, elle se pare
de colliers, de bracelets, de bagues, de pendants
d'oreilles constellés de pierreries.

Au reste, la femme vit retirée, mais non emprison-
née. Les Athéniennes se rendent visite entre amies.
Les lois qui leur défendaient de se mettre à la
fenêtre ou de sortir seules sont depuis longtemps
tombées en désuétude. C'est donc par pure bien-
séance qu'elles se font accompagner d'une esclave
âgée. Si la course est un peu longue, elles sortent
en chariot. Les jours de tragédie au théâtre de
Bacchus, elles assistent à la représentation des *Koé-
phores*, d'Eschyle, ou de l'*Antigone*, de Sophocle. Il
est vrai que les jours où l'on joue la comédie, l'entrée
du théâtre leur est interdite; mais elles n'oseraient
ni s'en plaindre ni s'en étonner tout haut, pas plus
qu'une de nos contemporaines ne trouve étrange
de voir se fermer devant elle la porte du Musée
secret de Naples. La licence des comédies antiques explique cet ostracisme. Malgré son épaisse

couche de fard, n'eût-on pas vu rougir aux obs-
cénités d'Aristophane et d'Eupolis la femme de l'Ar-
chonte-Roi ou la mère de famille qui avait été sacrée
vénérable à la fête des Vieilles Dionysies?

C'était encore par respect pour la pudeur que
les femmes n'assistaient pas aux repas de la fin
du jour donnés par les hommes et pour les hommes.
La présence d'une femme honnête serait inadmis-
sible au *Banquet* de Platon. C'eût été pour une
femme entacher sa réputation et descendre au degré
d'une courtisane que de paraître à une de ces fêtes.
Démosthène parlant de Néera dit : « Elle soupait
avec les hommes en vraie courtisane qu'elle était. »
Les plaisirs de la table n'étaient point d'ailleurs
défendus aux femmes, car il semble que souvent
elles se donnaient des repas en l'absence de leurs
maris.

Les vrais jours de fête pour les femmes étaient
les jours de fêtes religieuses, et les dieux savaient si
ces fêtes étaient multipliées à Athènes! Aux Panathénées, les femmes figuraient dans la majestueuse
procession qui montait au Parthénon par le vaste
escalier des Propylées. Aux Dionysies, elles parcou-
raient, montées sur des ânes et vêtues à la mode
antique, les bois, les plaines et les vallées des environs d'Athènes. Aux Sténies, elles se livraient par
les rues et les places un assaut comique d'invectives

et de saillies. Le premier jour des Adônies, elles sortaient en foule portant des images d'Adonis dans l'appareil des funérailles, s'arrachant les cheveux, se frappant la poitrine ; puis elles revenaient sur les terrasses des maisons, criant : « Hélas! hélas! Adonis est mort! » Le second jour, elles s'abandonnaient aux démonstrations les plus bruyantes de la joie, répétant sans cesse : « Adonis est ressuscité! » « Ces femmes, dit Aristophane, ont-elles fait assez » de vacarme avec leurs tambourins! assez pleuré » Adonis sur leurs terrasses! Je les entendais l'autre » jour de l'Assemblée. Démostrate disait qu'il fallait » passer en Sicile, et sa femme dansait en répétant : » Hélas! hélas ! Adonis ! Adonis! Démostrate disait » qu'il fallait lever des hoplites à Zacynthe, et sa » femme, plus qu'à moitié ivre, criait sur la terrasse » de sa maison : Pleurez Adonis. » Aux Thesmophories, les femmes célébraient, deux jours durant, les rites mystérieux du temple de Déméter dont les hommes étaient exclus. Aux Éleusinies, elles faisaient partie du cortège somptueux qui suivait la voie sacrée pour aller à Éleusis. Parées de leurs plus riches vêtements, elles assistaient aux jeux, aux scènes de fantasmagorie, aux courses aux flambeaux, aux cérémonies mystiques des Grands Mystères. Cette procession éleusinienne, qui avait pour acteurs et pour spectateurs la population entière de l'Attique dans ses plus brillants costumes, et pour théâtre l'admirable chemin d'Éleusis avec son panorama de montagnes au sud et son horizon de mer au nord, ne valait-il pas notre Longchamps, qui a aussi une origine religieuse?

Moins le ménage était riche, plus la femme avait de liberté. Les femmes des thètes, qui formaient à Athènes la quatrième classe de citoyens, n'avaient qu'un seul esclave et souvent même n'en avaient pas; elles devaient sortir chaque jour pour les provisions du ménage. Certaines, même, vivaient toujours au dehors, par exemple les marchandes de l'agora, ces bonnes commères qui reconnaissaient Théophraste pour un étranger à quelques phrases où manquait l'atticisme.

III

Thucydide prête ces paroles à Périclès : « Que la femme ne fasse parler d'elle ni en bien ni en mal ». La même idée sera exprimée d'une façon différente par la célèbre épitaphe de la matrone romaine : *Domum mansit et lanam fecit.* Mais ceci est de la théorie. Dans la pratique, Athènes élevait des statues au milieu de l'acropole à des femmes renommées pour leur vertu, et une loi romaine ordonnait que les femmes reçussent publiquement

après leur mort les éloges qu'elles auraient mérités
pendant leur vie. De même, un personnage de l'ancienne Comédie renvoie à son aiguille la femme qui
lui veut faire des remôntrances; mais Thémistocle,
sans se plaindre d'ailleurs, comme le faisaient beaucoup d'autres maris athéniens, de l'empire que sa
femme avait pris sur lui, disait : « Mon fils, qui a
» cinq ans, est le plus puissant de tous les Grecs.
» Car les Athéniens commandent aux Grecs, moi je
» commande aux Athéniens, sa mère me commande
» et mon fils commande à sa mère ». Théorique-
ment aussi, les femmes devaient vivre dans le
gynécée; mais les plaintes des maris à l'égard de
l'humeur vagabonde des femmes nous sont un
témoignage qu'elles savaient se soustraire à cette
obligation. Plutarque le dit implicitement dans ces
mots : « Les lois d'Égypte défendaient aux femmes
» de porter des souliers, afin de les forcer à garder
» la maison. Pour les y faire rester, il vaudrait
» mieux leur ôter leurs crépides brodées, leurs
» bijoux et leurs riches robes de pourpre. »

On répète volontiers que c'est le christianisme
qui a émancipé la femme. Tout d'abord, il faut savoir
comment les lois du moyen âge chrétien entendaient l'émancipation de la femme. Elles donnaient
à l'homme, père, frère aîné ou mari, toute autorité
sur la femme. Un statut d'Étienne de Hongrie porte

que si un mari tue sa femme, il en sera quitte pour
donner cinq bouvillons aux parents de là victime et
pour se soumettre à des jeûnes expiatoires. La coutume
du Beauvoisis, encore en vigueur au xve siècle, auto-
risait le mari « à battre sa femme pour la corriger »,
pourvu qu'il n'y eût « ni mort ni mehaine (muti-
lation) ». La coutume de Normandie dit aussi que
le mari peut battre sa femme, à condition qu'il ne
lui crève pas les yeux et ne lui brise pas de membres; « car, conclut sentencieusement le rédacteur,
ainsi ne doit-on pas châtier femme ». En Lorraine,
jusqu'au milieu du xive siècle, le viol n'était puni
que d'une amende de quarante sols. Et Passerini
écrivait en 1595 : « Au siècle dernier on pouvait
» recevoir la déposition des femmes dans les procès
» d'hérésie et de lèse-majesté et dans toutes les
» causes où les infâmes sont reçus à témoigner. »
Certes, la femme n'avait pas à voir dans cet ensemble
de privilèges, qui allaient du droit d'être battue à
celui de déposer en justice, confondue avec « les
infâmes », la preuve de son affranchissement.

De nos jours même, la femme est-elle complétement
émancipée? La Constitution lui dénie les droits
politiques. Le Code, tout en lui accordant les
droits civils, restreint l'exercice de ces droits en
la plaçant, dans l'état de mariage, sous l'autorité
de l'homme. Enfin les mœurs mettent mille entraves

à sa liberté. Supposons pourtant que la femme jouisse aujourd'hui de la somme de droits compatibles avec la raison, et que son émancipation relative ait atteint les limites du possible, l'affranchissement de la femme date des premiers âges de la civilisation antique. Le jour où la femme, d'esclave qu'elle était dans la polygamie patriarcale, devint la compagne de l'homme dans le monogamie hellénique, ce jour-là la femme fut virtuellement affranchie. Depuis, la femme ne doit qu'à elle-même, c'est-à-dire à l'influence qu'elle a su prendre sur l'homme, — influence signalée et déplorée déjà par Caton l'ancien, — et à la place qu'elle a su conquérir dans la société moderne, les progrès de son émancipation. La fusion des races du Nord avec les races latines y a servi aussi. La sentimentalité chevaleresque du vieux monde germanique est résumée par ce vers d'un minnesinger : « La femme » siège sur un trône d'or, avec douze étoiles pour » couronne, et la tête de l'homme pour marchepied.» Mais la religion chrétienne n'est pour rien dans l'émancipation de la femme. Sans revenir sur le fameux concile tenu à Mâcon, en 585, qui ne décida qu'après sérieuse discussion que la femme appartient à l'humanité, il suffit de citer les Pères de l'Église. La plupart sont infiniment plus hostiles à la femme que les philosophes antiques. «La femme a été créée pour

» l'homme, dit saint Paul ;—qu'elle demeure dans le
» silence et dans la soumission.» « De ce que l'enfer
» est pire que le mariage, dit saint Jérôme, il ne s'en-
» suit pas que le mariage soit bon.» « Tout est funeste
» dans la femme, dit saint Cyprien ; loin de nous cette
» peste, cette contagion, cette ruine cachée ! » Les
docteurs et les théologiens ne sont pas loin de se
ranger de l'avis des Pères. Saint Bernard s'écrie :
« Quoi de plus vil que la femme ! » et Bossuet
rappelle les femmes à l'humilité par ces dédai-
gneuses paroles : «Les femmes n'ont qu'à se souvenir
» de l'origine et songer après tout qu'elles viennent
» d'un os surnuméraire. »

Le paganisme plaçait la femme plus haut que ne
l'a fait le christianisme. L'Olympe était peuplé de
déesses, égales, souvent supérieures en puissance aux
dieux de l'hellénisme. Hormis Jupiter, les plus
grandes divinités sont des déesses. C'est la vierge
Minerve, protectrice des cités ; c'est Junon, qui
préside à l'union sainte de l'homme et de la femme ;
ce sont Déméter et Perséphone, les *Vénérables* ; c'est
Thémis. Ce sont encore les redoutables Parques
et les Erinnyes vengeresses, la plus haute et la plus
terrible personnification des remords. Au contraire,
comme l'a dit M. Louis Ménard dans ses belles
études sur les origines du christianisme, « le féminin
n'a pas place dans la Trinité ». Il y a bien des élues

à côté des élus dans le Paradis, mais l'orthodoxie ne reconnaît pas la Vierge comme d'essence divine. Le saint des saints, le chœur, est interdit à la femme dans les églises, et ses mains ne sont point assez pures pour porter l'hostie consacrée. Il n'y a pas de prêtresses dans le catholicisme, tandis que le paganisme vénérait les Sibylles, les Vestales, les prêtresses de Minerve, de Junon, de Diane. A Athènes, c'était la prêtresse du temple d'Agraule qui prononçait les malédictions sacramentelles contre les traîtres à la patrie. En pardonnant à Madeleine, la courtisane repentante, et en sauvant la femme adultère, Jésus a fondé le christianisme sur la charité et la miséricorde, mais il n'a pas songé à émanciper la femme.

II

LA COURTISANE

I

On a coutume de diviser les courtisanes athéniennes
en quatre classes : les hétaires ou courtisanes richement entretenues par un ou plusieurs amants ; les
pallaques ou filles vivant au jour le jour, sans cesse
quærentes quos devorent ; les aulétrides, joueuses
de flûte et danseuses de vertu peu farouche qui
paraissaient à la fin des repas nocturnes ; enfin les
dictèriades, prostituées vulgaires enfermées dans
des lieux de débauche.

Il convient tout d'abord de faire justice de cette
classification arbitraire qui fait naitre dans l'esprit
une idée de castes absolument contraire aux principes des lois athéniennes. Il n'y avait à Athènes
que deux sortes de courtisanes : les femmes libres,
les femmes esclaves. Les premières étaient des hétaires, des pallaques, des joueuses de flûte libres,
suivant que la fortune leur avait été plus ou moins
favorable. Les secondes étaient des joueuses de flûte
esclaves ou des dictèriades.

De celles-ci, il n'y a guère à parler. Esclaves au service d'un maitre, elles allaient chaque jour, comme à la chasse, au Céramique extérieur, chaque nuit aux festins auxquels on les avait demandées, et où, dit Épicrate « les joueuses de flûte se mettaient au ton qu'on voulait ». Le plus souvent elles se tenaient à tour de rôle sur le seuil des dictérions, sollicitant l'attention, un brin de myrte entre les dents. L'argent de leur trafic allait à leur maitre qui louait ses esclaves pour les plaisirs des Athéniens comme d'autres maitres louaient les leurs pour les travaux des champs, des mines et des fabriques. L'existence de ces malheureuses, qui étaient ainsi deux fois esclaves, s'écoulait triste et monotone. Leur seul espoir était d'amasser, obole à obole, un petit pécule qui leur permit de se racheter un jour. On sait que la loi athénienne avait mis cet adoucissement à l'horreur de l'esclavage, que l'esclave avait toujours le droit de se racheter.

Les hétaires, les pallaques et les joueuses de flûte qui formaient une seule et même classe, la classe des courtisanes libres, ne différaient les unes des autres que par leurs divers degrés de fortune. Une courtisane avait-elle une maison à elle, des meubles somptueux, de beaux bijoux, des esclaves, de riches amants, on l'appelait hétaire. Une autre courtisane n'avait-elle que sa beauté pour tout capital, c'était une pallaque ou une aulétride. Les pallaques devenaient souvent hétaires, les hétaires tombaient parfois au rang de pallaques. Timoclès rappelle qu'il devint amoureux de Phryné quand *elle cueillait encore des câpres*, c'est-à-dire quand elle était pauvre. Et Athénée, parlant de Laïs qui avait été la plus riche des hétaires, dit que dans la vieillesse elle accueillait tout le monde, et qu'un tsatère, une pièce de trois oboles, était pour elle une fortune. C'est là qu'en était venue cette femme, sur laquelle on avait fait le proverbe : « Il est plus facile d'avoir une audience de Pharnabase que de Laïs. » Quoique les Athéniens se connussent bien en beauté et en esprit, le hasard avait parfois plus de part que la beauté et le charme dans les soudaines fortunes des courtisanes. « Il semble que Plutus soit aveugle, disait le poète Amphis, puisqu'il n'entre pas chez Cléonarie et qu'il s'arrête comme frappé d'apoplexie chez la vieille Mégilla. »

Les hétaires et les pallaques étaient soit des dictèriades qui s'étaient rachetées ou qu'un amant avait rachetées, soit des filles de métèques (étrangers domiciliés à Athènes) que la misère avait entraînées à la débauche, soit surtout de belles étrangères venues de Corinthe, de la côte d'Ionie ou des îles de la mer Égée. La vie qu'elles menaient, comme celle de toutes les courtisanes du présent et du passé,

était joyeuse sinon heureuse, facile sinon assurée.
— « Que je serais heureuse de coucher seule! »
s'écriait une amie de Glycère. — « Malheureuse,
répondit celle-ci, tu mourrais de faim! » Elles
avaient maison, esclaves, parures, bijoux; elles
étaient courtisées et adulées; elles recevaient chez
elles amants, amis ou amoureux, les plus riches
et les plus illustres d'entre les Athéniens, les Périclès, les Socrate, les Alcibiade, les Praxitèle, les
Hypéride, les Démosthène. La beauté seule ne
faisait pas le succès des hétaires à la mode. Les unes
jouaient avec un art accompli de la cythare, de la
flûte ou de la lyre; d'autres discutaient savamment
sur la philosophie et la politique; d'autres enfin,
comme Glycère, Gnathène et Callistion, étaient
célèbres par leur esprit de répartie. Glycère disait
d'une courtisane qui n'avait que des vieillards pour
amants : « Elle est comme les chouettes qui hantent
les tombeaux. » Gnathène, conviée à souper chez
une de ses amies, voyait celle-ci mettre de côté les
meilleurs morceaux pour sa mère. — « Si j'avais su,
dit-elle, je serais allée souper chez ta mère. » —
« Comment! dit un jour cette même Gnathène à un
de ses adorateurs, plus riche d'amour que d'argent,
tu voudrais avoir pour rien le domaine de toute la
Grèce? »

II

A Athènes, autant la femme sent toujours peser sur elle la tutelle de l'homme, soit père, soit frère, soit mari, soit fils même, autant la courtisane vit dans la plus absolue liberté. Elle ne dépend que d'elle-même, elle a l'administration de sa fortune, elle a la faculté d'acheter, de vendre, d'aliéner, de donner, de tester. Pourvu qu'elle n'enfreigne aucune des lois de l'État, qu'elle ne contrevienne à aucune des ordonnances de police de la cité, elle a toute liberté de vivre et d'agir à sa guise.

Cette anomalie dans les lois athéniennes, qui accordent tout à la courtisane et rien à la femme, s'explique par cette différence que la femme est athénienne tandis que la courtisane est étrangère. L'État a à sauvegarder les intérêts des citoyennes, et c'est dans ce seul dessein que les lois imposent à la femme la perpétuelle tutelle de l'homme. Ce n'est pas pour asservir la femme qu'elles lui donnent l'homme pour maître; c'est pour la protéger. Au contraire, qu'importe à l'État que l'étrangère, établie à Athènes, dissipe son avoir et se trouve réduite au dernier dénuement? L'État n'a pas charge d'elle. Qu'elle fournisse deux répondants devant l'archonte polémarque, magistrat auquel ressortissent toutes les affaires des étrangers, qu'elle paye l'impôt *metoikion* comme étrangère, et l'impôt *pornikontélos* comme courtisane, c'est tout ce que l'État exige d'elle.

La courtisane n'est pas régie par la loi commune, parce qu'elle est hors la loi. Si elle n'a pas les devoirs et les obligations de l'Athénienne, elle n'en a pas non plus les droits et les prérogatives. Un Athénien ne peut l'épouser sous peine de perdre ses droits civiques et de voir sa maîtresse et les enfants qu'il aurait eus d'elle vendus comme esclaves. L'entrée de certains temples est interdite aux courtisanes. Il lui est défendu de se mêler à la foule dans les cérémonies publiques. Les courtisanes étaient recherchées, admirées, adulées; elles étaient surtout méprisées. Pour prouver le peu de cas que les lois faisaient d'elles, il suffit de dire qu'un mari surpris avec une courtisane n'était pas considéré comme adultère.

L'opinion publique était en cela d'accord avec la législation. Un Athénien disait à un jeune homme qui avait des scrupules sur le passé de sa maîtresse : « Ne peut-on pas habiter une maison que d'autres ont habitée avant vous? » Et Alciphron, un des écrivains de l'antiquité les plus favorables aux courtisanes, ne trahit-il pas l'estime réelle en laquelle il les tient, quand il dit : « Il n'y a pas à être jaloux des courtisanes, car elles sont évidemment un bien commun à la disposition du premier venu. Il faut les comparer aux bains publics dont tout le monde fait usage, quoiqu'ils paraissent n'appartenir qu'à une seule personne. On ne devrait point considérer autrement ces femmes pour lesquelles l'amour est une profession. » Cette cynique théorie est peut-être juste. Mais au point de vue élevé de la morale, elle est plus choquante que les plus audacieux dithy-rambes. La poésie a mis un bandeau sur les yeux de l'amour pour montrer qu'il doit vivre d'illusions. Le bandeau arraché, l'amour s'évanouit. Or les fièvres du cœur ne sont-elles pas la seule excuse de ces passions indignes ?

Si les poètes dramatiques ont rarement fait monter les courtisanes sur la scène du théâtre de Bacchus, un grand nombre d'écrivains grecs se sont plu à se faire leurs historiographes. Apollodore, Ammonius, Anti-phane et Gorgias d'Athènes avaient écrit des ouvrages entiers sur les courtisanes. Athénée raconte leurs aventures et cite leurs bons mots, Alciphron et Aris-taenète les font écrire, et Lucien les fait parler. Telles que ces écrivains nous les représentent, les hétaires athéniennes paraissent les sœurs aînées des courtisanes contemporaines. Au reste, plus on pénètre dans l'histoire publique et privée d'Athènes au ve et au ive siècle et plus on retrouve la vie publique et privée des Parisiens du xixe siècle. Le monde des hommes tourne au milieu des âges comme la terre tourne dans l'univers : pour revenir toujours à la même place.

Parmi ces belles habituées du Céramique extérieur que nous présentent les écrivains grecs, on pourrait en reconnaître plus d'une qu'on a vue hier autour du lac ou dans une avant-scène de quelque théâtre de genre. Robes et manteaux, jupons brodés et châles de dentelles, sont tombés pour faire place aux tuniques, aux péplos, aux épomides et aux chlamydes, aux écharpes rayées de vives couleurs et aux longs voiles tissés d'or. Les bottines à talons Louis XV sont devenues de blanches *persiques* à hautes semelles. Le chapeau a disparu, il n'en est resté que les fleurs. Plus de poudre de riz, de blanc de perle, d'*opoponax*, mais de la céruse, du nard indien et de la myrrhe. Le costume seul a changé, la femme est demeurée la même. Elle vit de la même vie, elle joue le même rôle : « faire de par le monde les plus grands désordres d'amour », selon l'expression de Saint-Simon. Sa métamorphose n'est qu'apparente. La femme galante a gardé sa nature fugace, faite de cupidité et de désintéressement, ses amours soudaines et ses rapides lassitudes, ses folles illusions et ses insouciances du lendemain, ses joies et ses hontes, ses sourires et ses larmes, ses regards qui enivrent et ses paroles qui tuent. « Va-t-en, dit Phœbiane au vieillard Anicet, qui s'est ruiné pour elle. Pourquoi me regarder avec des yeux languissants et pousser de gros soupirs? Tu es aussi vieux que Cécrops. Songe plutôt à ta mort. »

Thaïs avoue qu'elle s'était fait des illusions sur le jeune Polycrite. Elle pensait qu'après la mort de son père, il dépenserait son héritage avec elle et que sa fortune y passerait. « Quelle erreur! le vieux n'existe plus, et son fils est devenu si avare depuis son héritage qu'il ne prend plus qu'un seul repas, après le coucher du soleil! » Glycère se plaint à Thaïs que Gorgo, « cette coquine qu'elle croyait son amie » lui ait soufflé son amant. — « Eh! répond Thaïs, ne devais-tu pas t'y attendre? N'est-ce pas notre habitude, à nous autres courtisanes, de nous jouer de pareils tours? » Pamphile, l'amant de Myrtion, est sur le point de la quitter pour se marier. Voici comment lui parle sa maîtresse: « J'ai appris par mon esclave, qui l'a su au marché, que tu vas épouser la fille de Phidon, le pêcheur. Elle n'est pourtant pas si belle! je l'ai vue dernièrement comme elle allait aux Thesmophories. Regarde-la donc bien, et prends garde de te repentir d'avoir pris une femme qui a des yeux gris et qui louche ».

Écoutons maintenant les cyniques conseils de la vieille Chrobyle à sa fille, qu'elle vient de vendre une mine (92 francs) à un débauché : « Sois surtout aimable pour les hommes qui sont vieux et laids; ce

sont ceux-là qui payent le mieux ». En faisant son
propre éloge, Ioessa ne témoigne-t-elle pas contre
ses pareilles quand elle dit au beau Lysias: « Jamais
je ne t'ai engagé, comme font toutes les autres, à
voler ton père et à dérober des bijoux à ta mère. »

Les variétés de courtisanes qu'ont peintes les
romanciers et les auteurs dramatiques modernes se
retrouvent dans les lettres d'Alciphron et dans
les dialogues de Lucien. C'est ainsi que Pétala parle
à Simalion: « Si l'on pouvait entretenir la maison
d'une courtisane avec des larmes, comme je serais
riche! Tu ne les épargnes guère. Mais il nous faut
de l'or, des vêtements, des parures, des suivantes.
C'est là toute la vie! On ne m'a pas laissé de patrimoine. J'ai simplement pour revenus les petits ca-
deaux que me font des jeunes gens,—souvent à regret.
Je te connais depuis un an. En suis-je plus avancée?
Tu parles de ma chevelure ; elle est toujours en désordre, je n'ai pas même d'huile parfumée. Quelle
existence ! Espères-tu qu'en restant ainsi avec toi, je
trouverai d'autres ressources ? Tu pleures ? qu'importe! je n'en mourrai pas moins de faim si personne ne me donne rien. J'ai un pleureur qui ne
sait qu'envoyer des roses et des couronnes, comme
pour orner par avance la tombe qu'il me réserve. La
nuit, il ne fait que lamenter. J'en ai assez. Écoute
cependant. Si tu veux m'offrir quelque chose, viens...

sans gémir; sinon, garde tes chagrins, et ne m'ennuie plus. » La courtisane Philumène est de la même école ; mais son style est plus laconique. Elle se garde des phrases dans cette lettre à un soupirant. Les mots y sont comptés comme si la dépêche télégraphique fût déjà inventée. « Pourquoi te fatiguer à écrire? Avec cinquante pièces d'or tu peux tout; avec tes lettres, rien. Si tu aimes, donne ; si tu tiens à l'argent, ne m'ennuie plus. Adieu ! »

C'est la Fille de Marbre avec sa froide raison et sa logique implacable; celle dont le temps est toujours pris et les faveurs cotées cher dans le monde galant; celle qui jette loin d'elle le bouquet de fleurs des champs que lui a cueilli l'amant qu'elle n'aime plus, le sculpteur Marcel, et qui dit, en haussant les épaules : «Que voulez-vous que je fasse de vos herbes?»

Tout extrême a son antithèse. A côté de Marco, il y a Marguerite Gautier, près de la Fille de Marbre, la Dame aux Camélias. Voici sa touchante oraison funèbre par son amant désespéré : « Elle est morte, la belle Bacchis! Elle est morte ! Elle me laisse seul avec des larmes intarissables et le souvenir d'un cher amour, maintenant bien cruel. Jamais je n'oublierai Bacchis. On reproche aux courtisanes d'être perverses, infidèles, rapaces. On dit qu'elles appartiennent à qui les paie, qu'elles attirent une foule de maux sur leurs amants. Bacchis a montré, par son exemple, combien de telles accusations sont d'injustes calomnies. Tu te rappelles ce Mède qui arrivait de Syrie. Il promit à Bacchis des eunuques, des esclaves, tout un luxe oriental. Elle ne le reçut même pas. Elle préférait dormir sur mon simple manteau et se contenter de mes légers présents. Elle repoussa aussi ce marchand égyptien qui lui offrait tant d'argent. Bacchis n'est plus ! Et moi je reste, je respire, je mange ! Plus de chansons dans les festins, plus de lyre dans ses doigts d'ivoire, tout est fini. Voilà la favorite des Grâces : un peu de cendres sous une pierre froide. A présent, il ne me reste plus rien — que le souvenir. »

La belle Bacchis méritait qu'on lui élevât près du rivage de la mer, à l'ombre des myrtes et des citronniers, une stèle de marbre rose, et qu'on sacrifiât sur sa tombe, au lieu du bouc de Vénus Populaire, la génisse blanche de Vénus Céleste. Mais pour une Bacchis, combien de Laïs, dignes de la trop galante épitaphe écrite par Antipater : « Si le lit de Laïs n'eût pas été ouvert à l'or de tous les Grecs, les Grecs se seraient battus pour elle comme pour Hélène. »

Mars, 1876.

V

LA PREMIÈRE REPRÉSENTATION

DU

DRAME D'HÉROSTRATE

AN 356 AVANT J.-C [1].

Une première représentation à l'Opéra, un poème de Méry, une partition de Reyer, et tout cela consacré à cette étrange et mystérieuse figure d'Hérostrate, voilà bien des tentations. Mais la pluie bat la

1. Si nous réimprimons cette rêverie archéologique, c'est que nous avons été encouragés à ne pas laisser perdre cette étude par un éloge aussi précieux qu'inattendu de Théophile Gautier. L'auteur du *Roman de la Momie* commençait ainsi son feuilleton théâtral du 24 octobre 1871, sur l'opéra d'*Érostrate* de MM. Méry et Ernest Reyer : « Un jeune helléniste, sachant aussi bien le français que le grec, M. Henry Houssaye, à qui l'on doit l'*Histoire d'Apelles* et qui prépare celle d'Alcibiade, a rendu compte de la première représentation d'Érostrate, donnée il y a deux mille cinq cents ans sur le théâtre d'Éphèse, avec une spécialité et une sûreté d'érudition ne laissant rien à dire après elles. »

6.

charge sur les vitres de notre atelier, et des rafales de vent s'engouffrent en grondant dans la cheminée. Aussi bien, il est tard déjà, et nous manquerions l'ouverture. Une idée nous vient. Si, au lieu d'aller à la montagne, nous amenions la montagne à nous. Si, au lieu d'aller voir le drame imaginaire d'Hérostrate sur la scène de l'Opéra, nous nous donnions la représentation de ce drame dans sa réalité, tel qu'il s'est passé il y a deux mille deux cent vingt-sept ans sur la terre d'Ionie. Nous perdrons ainsi les vers de Méry, mais nous aurons la prose d'Hérodote [1], de Cicéron, de Tite-Live, de Pline, de Vitruve, de Plutarque, de Strabon, de Pausanias, d'Aulu-Gelle et de Solin. A défaut des décors de Chéret, nous aurons nos souvenirs ravivés par les récits des voyageurs. Donc renonçons à la fiction plus ou moins romanesque de l'Opéra. Voyons le drame d'Éphèse tel que le donne l'histoire.

Construisons d'abord notre théâtre. Voici les matériaux : une vingtaine de volumes in-folio, in-8°, in-12, in-16. Déjà la scène est dressée. Ce monument d'un nouveau style, n'est pas d'un aspect trop

---

1. Il faut se défier de la malignité du lecteur qui cherche toujours à prendre l'écrivain en flagrant délit de bêtise. Hérodote, qui mourut près de cent ans avant l'incendie du temple d'Éphèse, ne cite naturellement pas Hérostrate, mais il parle du temple de Diane. Il en est ainsi de plusieurs des auteurs cités ici avec lui.

déplaisant. Les veaux fauves, marbre, écaille, les ba-
zanes porphyre et granit, les rugueuses peaux de
truie, à coins de cuivre, forment les substructions.
Les vélins blancs s'élèvent comme deux colonnes
de marbre. L'entablement et le fronton, car notre
théâtre est un théâtre antique, sont recouverts d'une
rutilante mosaïque composée de maroquins rouges, bleus, orange, vert d'eau et vert-myrte,
citron, violets et pourpres, avec filets, dentelles,
fleurons, compartiments, entrelacs, à la Clovis Ève et
à la Duseuil, tout reluisants d'or. Le rideau, — un
magnifique morceau de maroquin de Tanger rouge
janséniste, — se lève aux accords des cythares, des
flûtes, des lyres tetrachordes et hexachordes, qui
accompagnent le Chœur.

Voici le décor, ainsi que peuvent se le rappeler
les quelques voyageurs qui, Pausanias, Spon,
Wheler et Leake à la main, se sont aventurés jusque
sur la plage d'Éphèse [1].

La toile du fond représente la campagne d'Éphèse,
vue de la mer. Le spectateur est réputé sur une
trirème marchande prête à aborder la rive asiatique. Au loin s'étendent, sous un ciel bleu foncé,
éblouissant de lumière, les plaines verdissantes de

---

1. Depuis sept ans que ces pages sont écrites, des fouilles
faites sur le sol d'Éphèse ont amené d'importantes découvertes
qui n'ont changé rien d'ailleurs aux données générales de l'archéologie et de la topographie.

l'Ionie, sillonnées en tous sens de petites rivières et de ruisseaux au mince filet d'argent, disparaissant presque complétement sous la luxuriante végétation des lentisques, des lauriers-roses et des agnus-castus. D'espace en espace, s'élèvent des andrachnes et des arbousiers, hauts et droits comme des colonnes, des cyprès larges comme des tours, des platanes, des érables et des cèdres colossaux, dont le feuillage d'un ton sombre tranche harmonieusement sur les teintes tendres ou éclatantes des vignes et des prairies. L'horizon se ferme par des étages superposés de longues chaînes de montagnes, les monts Drakon, Tmolos, Messogis, dont les nombreuses ramifications vont jusque dans la Troade se rattacher au mont Ida.

Au troisième plan, à droite, au sud, on voit en avant des monts Coressus, Pactyas et Prion, toute la ville d'Éphèse avec ses petites maisons blanches à toits en terrasse et ses magnifiques édifices, les temples, les palais publics, les thermes monumentaux, le grand portique de l'agora et le théâtre dont l'hémicycle se creuse dans le flanc du Coressus.

A gauche, au nord, sur la rive droite du fleuve le Caïstre, qui coupe la plaine d'Éphèse de l'est à l'ouest, et qui coupe la scène de la toile de fond au trou du souffleur, s'ouvre la partie supérieure du port, peuplé de trirèmes, de bateaux, de pentécontères formant une forêt de mâts. Plus loin, montent les pentes escarpées du mont Jalissos.

Au premier plan, tout à fait sur le devant de la scène, s'élève le temple de Diane, « la lumière de l'Asie », la « septième merveille du monde ».

Le temple de Diane est situé sur la rive gauche du Caïstre, à son embouchure, au fond de la baie d'Éphèse. Le sol sur lequel il est construit est maré- cageux et exhale, en été, des miasmes délétères; mais, dit la légende, le fond du marais fut comblé, pour établir solidement les fondations du monument, au moyen de «charbons pilés et de peaux chargées de leur laines ». Énormes sont les proportions de cet antique édifice: il mesure quatre cent vingt pieds de longueur et deux cent vingt pieds de largeur. Con struit tout en marbre blanc, semblable à l'ivoire — *candore proximo ebori et quadam similitudine* — le temple est d'ordre ionique. Il est diptère, octastyle et hypaèthre : c'est-à-dire qu'une double rangée de colonnes l'entoure, que huit colonnes s'élèvent en avant du *pronaos* ou portique, et qu'une large ouver- ture, pratiquée dans le toit, laisse voir le ciel à ceux qui se trouvent à l'intérieur du sanctuaire. Les colonnes, qui s'élèvent à la hauteur de soixante pieds, sont au nombre de cent vingt-sept; la plupart sont monolithes, et trente-six, sur les cent vingt-sept, sont ornées de figures et de symboles hiératiques.

Sur les frises et sur le fronton se modèlent d'admirables bas-reliefs.

Par une des portes de bois de cyprès lamé d'or, laissée entr'ouverte, l'œil peut plonger dans le sanctuaire de la déesse. Il y aperçoit les vaches d'or massif, don du fameux Crésus, roi de Lydie, et la bizarre statue de la déesse vénérée à Éphèse. La Diane d'Éphèse, divinité panthée, importée, dit une tradition, d'Asie ou d'Égypte en cette ville par les Amazones, n'a aucune affinité, aucune ressemblance avec la Diane, sœur d'Apollon, adorée en Grèce. Personnification de la toute-puissance nourricière de la nature, vraie nourrice, la Diane éphésienne est représentée sous la figure d'une momie, la poitrine couverte de trois rangées de mamelles descendant jusque sur le ventre. Toujours mère et toujours vierge, un voile virginal couvre sa tête, couronnée d'un lourd diadème d'or en forme de tour; ses mains, écartées du corps et étendues grandes ouvertes, semblent dire : Prenez, tout ceci est à vous. Des spécimens de tous les quadrupèdes : bœufs, lions, chats, chiens, chèvres, moutons, sangliers, sont ciselés sur une sorte de gaine d'or, de style égyptien, dans laquelle s'emboîtent les jambes de la déesse.

Maintenant que nous avons ébauché le décor, cherchons à retrouver le drame, non pas celui qui se jouera ce soir à l'Opéra, mais celui qui s'est passé à Éphèse, il y a plus de deux mille ans. Ce drame est conforme aux règles attribuées faussement à Aristote. Il a les trois unités chères à l'école classique : unité d'action, unité de temps, unité de lieu. La scène se passe devant le temple d'Éphèse, le sixième jour du mois hécatombéon de la première année de la cent-sixième Olympiade : en langue vulgaire, le 22 juillet de l'an 356 avant Jésus-Christ.

Acte premier. — Au lever du rideau, les jeunes filles dansent et chantent en l'honneur de Diane. Elles entrent dans le temple pour y offrir un sacrifice à la déesse. Hérostrate paraît alors sur le devant de la scène.

Qui est cet Hérostrate? Les auteurs anciens ne nous apprennent rien sur sa vie ni sur sa personne. Ils le traitent fort dédaigneusement quand ils parlent de son crime. *Quidam*, disent-ils, *un certain*, un inconnu, un homme de rien, nommé Hérostrate. L'obscurité qui règne sur Hérostrate, jointe à une fausse étymologie de son nom, a même suggéré à quelques érudits qu'Hérostrate n'était qu'un personnage symbolique représentant le soldat de l'Amour (de Ἔρως et de στρατιώτης) et marquant la vengeance de Vénus sur la chasteté de Diane. Deux raisons s'opposent à cette interprétation : la première, c'est qu'il ne semble pas que Vénus ait jamais été en lutte avec Diane, surtout avec la Diane d'Éphèse, qui n'a aucun rapport avec la Diane grecque ; la seconde, c'est que, si les Grecs avaient voulu former un nom symbolique pour l'occasion, ils l'eussent formé correctement. Ils eussent écrit *Érostratiôtès*, ou à la rigueur *Érostratios* et non *Hérostratos*. En admettant même que l'étymologie du nom fût exacte, serait-ce une raison pour infirmer l'existence d'Hérostrate ? De ce que Philippe veut dire « aimant les chevaux », Aristophane, « excellent et brillant », Pyrrhus «roux», faut-il penser que le père d'Alexandre le poète des *Oiseaux* et le roi d'Épire soient des êtres imaginaires ? Dans Hérostrate, si les chercheurs de la petite bête, comme on dit, voient à tort un symbole, le romancier, le librettiste, l'auteur dramatique sont en droit de voir un amant, un vengeur, un conspirateur, le prophète d'une nouvelle religion, que savons-nous, enfin ! mais l'historien, lui, suivant l'esprit de la légende, ne doit voir dans Hérostrate que quelque esclave, quelque métèque, quelque affranchi, ou quelque obscur citoyen, dévoré de la soif ardente de la renommée et ne pouvant, malgré sa ferme volonté et ses efforts constants, sortir de l'ombre qui l'étreint. Alors, de désirs en désirs, de déceptions en déceptions, Hérostrate arrive à la folie de l'orgueil, au délire furieux de l'ambition.

Sur le théâtre, Hérostrate exhale ses souffrances, découvre ses ambitions déçues, trahit ses envieuses colères. Puis il médite quelle action, q el trait, quelle œuvre, quelle folie, pourrait l'illustrer à jamais. Les splendeurs du temple arrêtent ses regards. « J'attacherai mon nom à l'incendie du temple de Diane ! » s'écrie-t-il, pris d'un accès de rage.

Chœur des prêtres de Diane, qui étaient eunuques, selon une tradition, avec le Mégabyse (grand-prêtre du temple) comme coryphée ; ils célèbrent en anti-strophes, en strophes et en épodes la grandeur, la puissance et les bienfaits de la déesse.

Acte II. — La nuit est venue, mais cette claire nuit d'Orient, dont l'astre, a dit un poète, est plus brillant que le soleil du Nord. La théorie des jeunes filles sort lentement du sanctuaire et s'éloigne dans la direction de l'agora, située au pied du mont Prion. Hérostrate, qui s'est tenu caché jusque-là derrière un autel ou une touffe de lentisques, apparaît une torche à la main et se glisse dans le temple. Bientôt une épaisse fumée enveloppe de toutes parts l'édifice ; des tourbillons de feu s'élancent de l'hypaethron ; des langues de flammes viennent lécher les frises, l'entablement, le fronton et les colonnes de marbre. Les portes de cyprès, les *ex-voto* suspendus dans la *cella*, la statue de la déesse, les objets du culte et les costumes sacerdotaux offrent un effroyable aliment à l'incendie. Les colonnes chan-cellent et tombent enfin, entraînées par des pans entiers de murailles qui s'écroulent. L'œuvre est consommée. L'intérieur du temple n'est plus qu'un foyer ardent, l'extérieur un amas de décombres.

Chœur de désolation et d'imprécation des prêtres, sortis de leurs demeures situées près du temple. Le coryphée voue le sacrilège à la vengeance des dieux.

ACTE III. — L'aube éclaire la scène de ses clartés roses. Les Éphésiens arrivent en foule sur le lieu du sinistre. Les archers de police arrêtent le coupable, qui ne cherche d'ailleurs aucunement à s'échapper. Son rôle est joué. Que lui importe maintenant la vie. Il a obtenu l'immortalité. La diète des États ioniens s'assemble. On applique Hérostrate à la torture. On le presse d'avouer le mobile de son crime. Hérostrate dit orgueilleusement qu'il a agi ainsi pour se rendre à jamais célèbre. Le sacrilège est condamné à mort, et, juste châtiment, avant d'être conduit au supplice, on lui lit le décret rendu par la diète d'Ionie, qui édicte la peine capitale contre quiconque prononcera ou écrira le nom maudit d'Hérostrate.

Quelle sublime apostrophe à ses juges, quel hymne cynique à l'immoralité de l'immortalité mettrait ici dans la bouche d'Hérostrate un grand génie dramatique ! Le criminel condamné, mais nullement repentant, s'enorgueillirait de son exécrable forfait et prédirait aux membres de la Diète que le temps frappera leur édit de nullité. « Mon nom, pourrait-il dire, est maintenant gravé en lettres de feu sur les ruines du temple de Diane ; et de longs siècles écoulés, quand Éphèse la Magnifique ne sera plus qu'une plage abandonnée, quand la déesse sera chassée de tous ses autels, je serai encore illustre entre les plus illustres. Tant que l'on conservera le souvenir du temple d'Éphèse, de la déesse Diane et de la vieille Hellade, on gardera le souvenir d'Hérostrate. »

Chœur des mages asiatiques, consultés par les Éphésiens. Les mages invoquent la puissance divinatrice et déclarent que cet événement est le présage de la ruine de l'Asie. En effet, la nuit même de l'incendie du temple de Diane, naissait en Macédoine Alexandre le Grand, qui devait anéantir l'empire des Perses et porter la puissance grecque jusqu'aux dernières limites du monde oriental.

L'histoire appelle toujours le génie d'un Shakspeare, d'un Corneille ou d'un Victor Hugo pour passionner et pour émouvoir. L'histoire en elle-même n'est qu'une toile préparée où les personnages, les monuments, le paysage sont tracés à grands traits, avec le crayon noir ou la sanguine. Là s'arrête le rôle de l'historien. C'est au poëte à prendre la palette et à donner la vie et la couleur à ses figures. Mais il est difficile de condenser quinze siècles en trois actes. Pour être complète au point de vue de l'histoire, la pièce devrait avoir un prologue et un épilogue, divisés chacun en un certain nombre de « journées ». Ce seraient les *Grands Jours* du temple d'Éphèse.

Le prologue mettrait en scène l'édification du temple de Diane. On verrait à l'œuvre la longue génération d'architectes qui, durant plusieurs siècles, furent occupés à élever et à orner ce monument : Théodoros, fils de Rhœkhos, Kersiphron de Cnosse, Métagénès, fils de Khersiphron, enfin Démétrius et Pæonius d'Éphèse. Le fameux Crésus, roi de Lydie, et les cent vingt-six rois, satrapes et magistrats des cités indépendantes asiatiques, qui contribuèrent aux frais de ce immense sanctuaire de marbre, défileraient avec un magnifique cortège.

L'épilogue, ce serait la reconstruction du temple incendié, sous la direction de l'architecte Dinocrate. Les citoyens d'Éphèse font seuls les frais de ces travaux ; les femmes sacrifient leurs joyaux et leurs bijoux pour rendre à la déesse son antique demeure. A son passage à Éphèse, Alexandre offre de rembourser toutes les sommes qu'a englouties la restauration de l'édifice, si les Éphésiens consentent à graver une inscription à sa gloire sur une colonne du temple. Les Éphésiens refusent. Les dernières scènes de l'épilogue montreraient les pillages successifs que subit le temple, violé et saccagé par les légionnaires de Néron, par les Scythes et par les

Goths. Le drame ne se terminerait qu'à la démolition du temple par les cohortes romaines, obéissant à l'édit du très grand, très auguste et très saint empereur Constantin, qui, pris d'une sainte rage, ordonna la destruction des temples du paganisme et des images de l'idolâtrie. C'était Hérostrate ressuscité.

Les Hérostrate sont de tous les temps. Seulement ils changent de nom, et on les juge diversement. Tantôt c'est Hérostrate le fou, et on le condamne à mort, tantôt c'est Constantin le Grand, et on le canonise, tantôt c'est Gustave Courbet, le maître-peintre, et on lui inflige quatre mois de prison.

Octobre 1871.

V

LES DÉLITS ET LES PEINES

A ATHÈNES

I

Dans l'Athènes préhistorique, aux temps des rois Cranaüs et Érechthée, la législation est à l'état rudimentaire. Tout se résume par des représailles particulières ou par de l'argent donné à la partie offensée. Celui qui a commis un crime contre l'État est lapidé sans jugement par le peuple ou mis à mort par les soldats, sur l'ordre du roi. Pour l'homme qui a commis un crime contre un particulier, il sera puni par celui-là même qu'il a offensé ou frappé, ou, à son défaut, par ses parents ou ses amis. C'est la loi de Lynch des placers américains, c'est la vendetta des maquis corses. On n'a recours au tribunal, c'est-à-dire au roi qui est juge unique, comme Jupiter dont il tient le droit de punir, ou à un conseil de vieillards auquel le roi a délégué ses pouvoirs judiciaires, qu'au cas où l'on veut obtenir une indemnité pécuniaire pour un vol, un adultère, un meurtre même. Car il n'y avait pas de honte pour un Grec des temps anciens à recevoir le prix du sang. On était parfaitement libre de venger le meurtre de son père ou l'assassinat de sa femme, soit en tuant le coupable, soit en lui réclamant en justice une certaine somme d'argent. L'âme de la victime était vengée, ses mânes irritées s'apaisaient, quand l'assassin avait été contraint d'abandonner une part plus ou moins grande de ce qu'il possédait.

Ainsi, à la mort donnée par l'offensé ou à l'indemnité consentie par l'offenseur, se bornaient les pénalités du droit légendaire. En était-ce assez pour imposer aux vices et aux passions des hommes? Mais si la justice humaine n'existait pas encore, la justice divine était partout, puissante et redoutée. « Les méchants, a dit Bossuet, qui n'ont rien à craindre des hommes, sont d'autant plus malheureux qu'ils sont réservés à la vengeance divine. » Ce n'étaient pas seulement les supplices lointains du Tartare qui menaçaient les criminels; c'étaient des châtiments plus immédiats, les incendies, la ruine, les naufrages, les maladies, œuvre des dieux irrités;

c'était la poursuite incessante et implacable des Euménides, ces terribles divinités qu'Eschyle appelait
« les chiennes vengeresses ».

A l'ombre de législation des temps très anciens
succéda, on ne saurait préciser à quelle époque, une
législation plus régulière, quoique encore toute
fondée sur le droit coutumier. Déjà, avant Dracon,
les tribunaux de l'Aréopage et des Éphètes, recrutés
parmi les eupatrides seuls, connaissaient des crimes
et des délits. Au viie siècle, comme la plèbe, commençant à sentir sa force, se plaignait que la classe
des nobles, seule apte à exercer le redoutable
droit de punir, appliquât les peines d'une façon
arbitraire, les eupatrides chargèrent Dracon de fixer
par l'écriture les formules juridiques qu'ils s'étaient
transmises jusque-là, de génération en génération,
sans en donner le secret à la foule. Il fallait, pour
satisfaire aux légitimes exigences populaires, que le
texte des lois fût connu de tous et échappât désormais à l'interprétation arbitraire des magistrats.
Quoique Dracon ait vraisemblablement substitué
un certain nombre de lois nouvelles aux antiques
coutumes qu'il avait à rédiger, il fut moins un
législateur qu'un codificateur. Aussi n'est-ce pas
sans quelque injustice qu'on rend Dracon responsable de ces lois qui, selon les paroles de l'orateur
Démade, étaient écrites avec du sang.

7.

Pour Solon, investi d'un pouvoir dictatorial, la tâche fut plus facile. Il n'avait plus à s'inquiéter d'accorder les principes d'un droit nouveau avec les traditions du droit coutumier. Faisant table rase de tout ce qui existait avant lui, il abolit les lois de Dracon, sauf celles sur l'homicide, qu'il modifia. Il donna à Athènes un nouveau code, et peut-être même lui donna-t-il une nouvelle organisation judiciaire. A en croire, en effet, l'opinion répandue chez les Athéniens du v⁰ et du iv⁰ siècle, ce serait Solon qui aurait enlevé la juridiction au Collège des Archontes, pour la remettre aux citoyens élus par le sort, c'est-à-dire aux héliastes ou jurés, ne laissant aux archontes que l'instruction des affaires dont ils avaient autrefois la judicature. Mais, par amour de la tradition, les Athéniens attribuaient à Solon toutes les lois et toutes les institutions de la République, lesquelles, pour la plupart, avaient une origine beaucoup moins ancienne. De la nouvelle Constitution de Solon aux dernières réformes d'Éphialte, la démocratie athénienne gagna chaque jour du terrain; elle ne cessa pas d'accuser son existence et d'affirmer sa puissance. Ce fut une succession constante de réformes sociales, administratives, militaires, judiciaires, dont on ne peut exposer avec certitude que l'origine et le terme. Aussi, pour connaître le droit pénal d'Athènes aux temps histo-

riques, est-ce à dater de la seconde période du
v⁰ siècle qu'on le doit étudier.

II

Le droit attique est dès lors fondé, les lois fixées,
les cours de justice organisées, la procédure réglée,
les droits de chacun sauvegardés et spécifiés. De
l'ancien droit coutumier, il ne subsiste plus que
cette idée élevée que les juges sont les interprètes
des dieux, dont ils sont inspirés en rendant leurs
arrêts. Le droit barbare de se faire justice soi-même
a disparu depuis longtemps, sauf en cas de légitime
défense ou de flagrant délit d'adultère. « Si j'aper-
çois, dit Démosthène, un meurtrier dans un temple
ou sur l'agora, je puis le traîner non chez moi,
mais en prison. Là, aucun châtiment ne peut le
frapper qu'en vertu d'un jugement. » L'esclave
lui-même qui vient d'assassiner son maître doit être
déféré aux tribunaux et condamné dans les formes
légales.

Les tribunaux, composés de citoyens de toutes
les classes, désignés par le sort, sont investis d'un
pouvoir souverain et incontesté; ils appliquent de
lois fixes et sont seuls chargés de décider de la cul-
pabilité. La répression n'est plus limitée à la lapida-

tion pour les attentats contre l'État, à l'indemnité pécuniaire pour les attentats contre les personnes. Toute une échelle de peines, graduées selon les crimes et les délits, donne aux héliastes les moyens de mettre la répression en harmonie avec la perversité de l'acte et la gravité de ses conséquences. Le bannissement perpétuel, la vente comme esclave, l'exil, la dégradation civique, la prison, la confiscation, l'amende entrent désormais avec la mort et les dommages-intérêts dans le code pénal de l'Attique. Des peines accessoires ou additionnelles viennent ajouter au caractère infamant de certains châtiments. Ainsi les maisons des traîtres suppliciés sont rasées, et leur postérité vouée à l'infamie. L'amende est parfois accompagnée de l'exposition publique. Les ossements des sacrilèges sont jetés hors du territoire de l'Attique. Quand la loi pénale est muette, ce n'est pas dans des traditions vieillies, mais dans leur conscience que les juges d'Athènes cherchent leur devoir de justiciers. Le serment héliastique qu'ils prêtent avant d'entrer en séance prévoit le cas où ils auraient à se prononcer dans des *causes appréciables*, comme on les appelait. « Je jure, disent-ils, de suppléer au silence des lois par les règles de l'équité. »

L'égalité devant la loi est proclamée. La vie, la pudeur, l'honneur de l'esclave sont protégés au

même degré que la vie, la pudeur, l'honneur
du citoyen. Les Athéniens ne connaissent pas
cette odieuse distinction, introduite dans les
lois romaines et maintenue longtemps dans le
droit moderne, par laquelle les délinquants étaient
punis selon leur condition sociale. — « ... Sera puni
suivant la qualité des personnes », disaient les vieux
criminalistes. « Au temps de Charlemagne, raconte
Voltaire, quand un noble avait 400 écus dont il ne
savait que faire, il pouvait tuer à son choix un aus-
trution ou un évêque. » — La chose jugée a un caractère sacré. Celui qui la viole commet à la fois un
crime contre la souveraineté nationale, que représentent les tribunaux, et un acte d'impiété envers
les dieux, qui ont inspiré la conscience des juges.
La législation athénienne établit le grand principe
de la non-rétroactivité des lois. Toutes les garanties
sont assurées à la défense. Les débats sont publics,
le scrutin secret. Les sentences sont revisées s'il
est prouvé qu'un faux témoignage a été rendu au
cours des débats. Les causes sont divisées en deux
grandes espèces : les causes en action publique, les
causes en action privée. Pour les causes en action
privée, qui aboutissent en général à de simples
compensations pécuniaires, seules les parties lésées
ont le droit de les intenter. Tous les Athéniens,
au contraire, ont le droit d'intenter les causes

en action publique, qui encourent toujours une pénalité.

L'esprit du droit attique, conforme en cela à celui du droit moderne, voit la solidarité qui existe entre les différents membres de la société. Il juge qu'une offense à un citoyen est une offense à tous les ci-toyens. Aussi, à défaut du ministère public que la législation athénienne n'a pas connu, et de la poursuite d'office, qu'il est fort douteux qu'elle ait employée, les lois permettaient et même ordonnaient à tout citoyen, ayant connaissance d'une action préjudiciable à l'intérêt public et, dans de certaines limites, aux intérêts privés, de citer le coupable en justice et d'y prendre la parole contre lui. « Tous les citoyens, disait Solon, doivent sentir l'injure faite à l'un deux et en poursuivre la réparation aussi vivement que s'ils l'avaient reçue eux-mêmes. » Dans son discours contre Midias, Démosthène exprimait la même idée avec plus d'éloquence et de force : « Un citoyen fait entendre des plaintes, s'écriait-il, mais c'est la République qui est vraiment la partie lésée ! »

La loi athénienne avait d'ailleurs mis de sages correctifs à ce droit reconnu à chaque particulier de traduire ses concitoyens devant le tribunal de l'Héliée. En premier lieu, les magistrats instructeurs pouvaient refuser d'accueillir la demande comme non recevable. En second lieu, si la cause était portée devant les dikastes, l'accusateur qui n'obtenait pas la cinquième partie des suffrages était considéré comme parjure, noté d'infamie, et condamné à une amende de 1,000 drachmes; dans quelques cas, il encourait même la peine capitale.

III

Égalité devant la loi, appréciation du degré de criminalité de l'intention, inviolabilité de la chose jugée et non-rétroactivité des lois, tels sont les principes fondamentaux du droit pénal athénien; division en actions publiques et en actions privées, souveraines garanties de la défense, publicité des débats, secret du vote, telles étaient les dispositions essentielles de la législation criminelle d'Athènes. Si on en voulait connaître, il y a quelques années, tous les détails, la marche de la procédure, la composition des tribunaux, l'instruction des affaires, les règles des débats, la variété des causes et des incriminations, la classification des délits, la distinction des peines, le mode d'exécution des jugements, les irrégularités, les exceptions, les anomalies des lois, c'était épars chez les orateurs, les historiens et les lexicographes ou réunis dans les compilations indigestes des Meursius et des Samuel Petit [1], ou dans les ouvrages obscurs et confus des Meïer et des Schœmann [2] qu'il les fallait trouver. Aujourd'hui il suffit de recourir pour ce qui regarde l'organisation judiciaire au livre d'une science si sûre et d'une critique si lumineuse de M. Georges Perrot : *le Droit public et privé de la République d'Athènes* [3] ; pour ce qui regarde les délits et les peines, au *Droit pénal de la République athénienne* [4], de M. J. Thonissen. Avec non moins de méthode que d'érudition, M. Thonissen a recueilli, classé, colligé, commenté toutes les lois criminelles d'Athènes : lois contre les faux serments, lois contre l'impiété, lois contre l'abus des fonctions diplomatiques, lois contre le refus d'emploi public, — on n'aurait pas souvent à se servir de celles-ci en France, où, suivant un mot historique, tout le monde veut être ministre ou garde champêtre, — lois contre la présentation de décrets illégaux, lois contre le péculat, la corruption, la prévarication, la concussion ; lois contre l'homicide, l'in-

<hr>

1. J. Meursius, *Themis Attica extrafecti*, 1685, in-4·; Samuel Petit, *Leges Atticæ*, Parisii, 1635, gr. in-4°.

2. Meïer et Schœmann, *der Attische Process*, Berolini, 1824, in-8° ; Schœmann, *Antiquitates juris publici Græcorum*, Gryphis Waldiæ, 1835, in-8°.

3. G. Perrot, *Essai sur le droit public d'Athènes*, Paris, 1867, in-8°.

4. J. Thonissen, *le Droit pénal de la République athénienne*. Bruxelles, 1875, in-8°.

cendie, le vol, l'adultère, le proxénétisme, les attentats aux mœurs; lois contre le changement arbitraire
des noms; lois contre les bris de scellés; enfin lois
protectrices des animaux, car il n'a pas fallu attendre
deux fois dix siècles pour comprendre que, selon
l'expression d'un moraliste grec, la cruauté envers
les animaux est un apprentissage de la cruauté envers
les hommes. C'est tout le *Corpus Juris* athénien reconstruit. Supposons un de nos contemporains trans-
porté soudain dans l'Athènes de Périclès, il saurait
immédiatement, grâce au précieux répertoire de
M. Thonissen, juge, quelle loi il a à appliquer; accusateur, quelle peine il doit requérir; coupable, quel
châtiment il a encouru.

Il saurait que le suicide est puni et que l'avor-
tement ne l'est pas; que le marchand qui importe
en Attique les produits d'un pays avec lequel on est
en guerre, est passible de la peine de mort, et que le
propriétaire qui coupe des oliviers dans son champ,
doit payer au Trésor une amende de 100 drachmes par pied d'arbre; qu'il est interdit de naviguer
aux marchands qui, dans des ports étrangers, se
sont rendus coupables de fraudes déshonorantes
pour le nom d'Athènes, et que les droits politiques
sont déniés aux citoyens pauvres qui ne travaillent
point, comme aux citoyens riches qui dissipent
leur patrimoine. Il saurait encore que les instruments

d'un meurtre, armes, bâtons, fioles de poison, passent en jugement *et sont condamnés* à être brisés et jetés hors de l'Attique. Il verrait que les modernes partisans de la séparation de l'Église et de l'État, qui parlent bien haut de la République athénienne, ne connaissent guère les Athéniens, eux qui assimilaient le sacrilège au crime de haute trahison.

Il ne serait pas surpris que la loi athénienne punît plus sévèrement les *injures réelles* que les atteintes à la propriété, « puisque, dit Isocrate, rien n'étant plus cher aux hommes que ce qui touche à leur personne, il est naturel qu'on punisse avec la dernière rigueur ceux qui attentent à la chose qu'on estime le plus ». Démosthènes disait aussi : « Dans l'offense, ce n'est pas l'acte en lui-même, mais le caractère et l'intention de l'acte qu'il faut considérer. Or, il n'est rien, ô Athéniens, non, il n'est rien de pire qu'un outrage, rien qui mérite plus votre animadversion et la sévérité des lois ! »

IV

Dans l'application des lois pénales, les juges d'Athènes se distinguaient par un vrai sentiment d'humanité envers les criminels de droit commun, par une sévérité implacable envers les accusés politiques.

Ainsi, la peine de mort, rarement appliquée en matière criminelle, était appliquée sans exception en matière politique. A Athènes, pour tout ce qui regardait les crimes et les délits contre l'État, on vivait toujours sous une sorte de loi martiale. Tout Athénien qui occupait une charge importante, tout citoyen que son génie ou ses vertus élevaient au-dessus de la foule, étaient sans cesse sous le coup d'une accusation capitale. La moindre faute était un crime ; le moindre soupçon était une preuve. Aussi l'histoire d'Athènes est le martyrologe de ses héros. Phocion, allant au supplice, disait avec raison. « Cette mort était prévue. N'est-ce pas ainsi que périssent tous les grands hommes d'Athènes ? » Est-ce grâce à cette sévérité draconienne que les Athéniens durent leur énergie indomptable aux heures de la patrie en danger, et le long maintien de leur constitution démocratique. On est en droit de le penser. Mais on peut croire aussi que si Athènes, qui avait été la plus puissante cité de l'agrégat hellénique et le rempart de la Grèce, tomba du premier au dernier rang des États de la Hellade, c'est que les Athéniens, à force d'user du droit de punir au nom de la démocratie menacée et de la patrie en péril, finirent par se priver de tous les grands citoyens qui se dévouaient au service de la démocratie et à la défense de la patrie.

Les législateurs d'Athènes, inférieurs par la logique de la méthode et par les vues d'ensemble aux jurisconsultes de Rome, n'en comptent pas moins parmi les fondateurs du droit. — Non-seulement au moyen âge, mais même en plein xviiiᵉ siècle, le droit pénal et l'instruction criminelle auraient pu prendre de la jurisprudence d'Athènes plus d'une leçon de justice et d'humanité. — Mais les Athéniens qui croyaient que les juges tenaient directement des dieux le droit de punir (c'est l'idée qui présidait au tirage au sort des juges) avaient-ils pensé à dégager la philosophie et la moralité de ce droit redoutable? Lysias disait que la vengeance et la terreur sont le but de la justice. Pour la masse du peuple athénien, l'idée de châtiment s'identifiait avec l'idée de vengeance, à cette réserve que c'était la vengeance collective de la société substituée à la vengeance individuelle des temps primitifs. On pensait aussi que le criminel est l'ennemi; « qu'il le faut frapper sans pitié comme une bête fauve ». Cependant Aristote faisait la distinction entre « le châtiment qui profite à tous et même au criminel » et « la vengeance qui ne profite qu'à celui qui l'exerce »; et Platon ne devançait pas de beaucoup les idées de son temps, s'il ne les exprimait, quand il demandait dans ses *Lois* que le législateur s'efforçât de proportionner la peine au délit « comme un bon peintre de portraits qui suit les traits du modèle », et quand il disait que « les lois ne doivent pas châtier à cause de la faute passée, car on ne saurait empêcher que ce qui est fait ne soit fait, mais à cause de la faute à venir, afin que le coupable n'y retombe plus, ou que son châtiment retienne ceux qui en seront les témoins ». Ce sont déjà les grands principes de l'amendement par l'expiation et de la sauvegarde sociale.

Avril, 1875.

VI

EN GRÈCE ET EN TURQUIE

I

LES GRECS

I

Le défaut des Français est de juger toujours par comparaison et de n'oublier jamais Paris, qu'ils soient à Athènes, au Caire ou à Lisbonne. On dirait qu'ils s'attendent à trouver le café Anglais dans une oasis du grand désert, le théâtre des Variétés au milieu des izbas d'un village cosaque et des commissions d'initiative parlementaire chez les Hottentots. La Grèce, plus que tout autre pays, est la victime de ce caractère de l'esprit français, car en Grèce ce n'est pas seulement la comparaison de la France moderne, mais aussi celle de la Grèce antique qui s'imposent au touriste, au lettré, à l'homme politique. La Grèce a à souffrir de son antiquité trop reculée et de sa renaissance trop récente. On s'étonne qu'Athènes ne soit pas toujours l'Athènes de Périclès répandant autour d'elle la civilisation, et que la Grèce ne soit pas déjà une petite France avec l'industrie, le commerce, l'agriculture, l'activité et la richesse de la France. De là, des jugements sévères, des critiques injustes, des reproches immérités.

Le XIXe siècle, si fécond pourtant en métamorphoses soudaines et en changements à vue, n'appartient pas au cycle des âges mythologiques. Il n'y a rien de surprenant à ce que la Grèce ne se soit pas relevée de ses ruines en un seul jour, par enchantement, comme les murs de Thèbes se sont élevés au son de la flûte d'Amphion. Pompéi est découverte depuis cent cinquante ans, et elle n'est pas encore complétement déblayée. Les îles flottantes qui s'élèvent du sein de la mer ne sont stables, solides, et chargées de végétaux qu'après de longs âges écoulés. Comme Pompéi, la Grèce a été ensevelie plus de mille ans sous la lave de la barbarie; comme ces îles qui émergent tout à coup, la Grèce a été ballottée plus de mille ans par les vagues brutales des invasions. Il n'y a pas un demi-siècle qu'elle est née à l'autonomie, à la liberté, à la vie.

Qu'était-ce que la Grèce avant la révolution de 1821, il y a cinquante-quatre ans? Une contrée inculte, désolée, presque déserte;. un pays sans routes, sans industrie, sans commerce; un peuple asservi depuis des siècles au joug des Osmanlis, à cette domination féroce et morbide qui frappe de stérilité tout ce qu'elle touche; une population divisée en raïas privés de tout droit et de toute liberté, cultivant péniblement la terre pour leurs maîtres à turbans, et en Klephtes qui, pour conserver leur indépendance, s'étaient retirés dans les montagnes où, sans cesse combattant contre les Turcs, ils avaient plus souvent à la main le fusil que la bêche. L'instruction s'était réfugiée dans quelques couvents et dans quelques rares écoles; l'activité, l'industrie, la richesse hors du territoire; la liberté, au faîte des monts, sous les fusils des Klephtes. « O Hellas! disait Byron, où tout est éteint excepté ton soleil. »

> .... All but thy sun is set.

En 1830, à la fin des luttes sanglantes de la guerre de l'Indépendance, la liberté était recouvrée, la patrie grecque était refaite, la nation était constituée; mais le pays même, villes, bourgades, campagnes, plantations, troupeaux, était plus misérable, plus désolé, plus ruiné encore que par le passé. Ce n'étaient partout que champs dévastés, plants de vignes arrachés, forêts d'oliviers brûlées, maisons rasées, villages en décombres, au milieu desquels errait une population de six cent mille âmes, sans pain et sans abri.

Aujourd'hui qu'est-ce que la Grèce? Un peuple libre et fier qui pense, qui travaille et qui est prêt à combattre. Un État constitué, régi, administré comme la France et l'Angleterre, avec toutes les libertés, l'égalité démocratique, le système parlementaire, le suffrage universel, l'instruction gratuite et obligatoire. Un pays qui a une littérature et une industrie nationales, qui possède un noyau d'armée bien disciplinée où viendraient s'encadrer, en cas de guerre, plus de cent mille hommes braves, vigoureux, alertes et sobres, et une marine militaire, peu nombreuse, il est vrai, mais montée par d'excellents marins et que quadrupleraient aisément en temps de guerre les bateaux marchands armés en corsaires. La population de la Grèce s'est plus que doublée depuis que les Grecs ont recouvré leur indépendance. En 1830, elle n'était que de six cent mille âmes, aujourd'hui elle monte à près d'un million et demi. Avec la liberté, l'industrie s'est créée, le commerce s'est développé, l'agriculture s'est refaite. Il y a maintenant en Grèce huit cents usines, fabriques et ateliers où travaillent plus de vingt-cinq mille ouvriers. En 1845, la Grèce exportait pour 11 millions de drachmes, elle exporte aujourd'hui pour 80 millions. La marine marchande hellénique tient, en proportion, la tête de toutes les marines européennes. Elle a plus de 5,000 navires, jaugeant près de 300,000 tonnes.

Le voyageur qui fait escale au Pirée en revenant de Constantinople et qui ne passe que quelques heures à Athènes — le temps de saluer le Parthénon — condamne ce sol aride de la Grèce, ces plaines qui sont des déserts de sable et ces montagnes qui sont des pyramides de rochers. Que ne va-t-il en Acarnanie, en Eubée, en Argolide, en Messénie ! il verrait les champs de blé et d'orge s'étendant à perte de vue et inclinant leurs lourds épis d'or sous la brise marine. Que ne parcourt-il l'Élide, la Laconie ou l'Arcadie ! Il admirerait cette végétation si riche, si variée, si puissante, où se rencontrent les oliviers cinq fois centenaires, les hauts platanes, les forêts de chênes, les bois de lauriers-roses, les nopals, les caroubiers, les citronniers, les pins au vert sombre, les mélèzes au vert riant, les ébéniers sauvages, les euphorbes épineux, les étincelles des adonis et les taches de sang des anémones. Juger du Péloponnèse par l'Attique, c'est comme si on jugeait de la Beauce par la Sologne et de la forêt de Fontainebleau par la plaine Saint-Denis.

Chateaubriand dit, dans l'*Itinéraire*, qu'il n'y a pas une seule route en Grèce. Le poète Lebrun écrivait que le Pirée se compose de trois chaumières, et voici la description qu'Emerson faisait d'Athènes : « Les quelques maisons qui restent debout sur les ruines ne sont, à l'exception des demeures des consuls, que des cabanes chancelantes. » La Grèce s'est donc métamorphosée. Où il y avait des sentiers, on a fait des routes ; où il y avait des précipices ou des lits de ruisseaux taris, on a tracé des chemins ; où il y avait des havres, comme au Pirée qui, en 1830, rempli de vase et de sable, était à peine accesssible aux bateaux pêcheurs, on a construit des ports ; où il y avait des anses et des criques exposées aux grosses mers, on a mis des jetées, qui en font des abris sérieux ; où il y avait des récifs, on a placé des phares. Il y a vingt ans, les navigateurs réclamaient quatre phares sur les côtes de Grèce, il y en a maintenant vingt-cinq. Sur les ruines, on a réédifié des villes, dans les déserts, on a élevé des villages. Les trois chaumières du Pirée sont devenues une ville importante avec des quais, des marchés, des chantiers. Athènes, où il n'y avait que des cabanes délabrées, a aujourd'hui 70,000 habitants, des places, des squares, des jardins publics, des fontaines, des palais, des églises, une cathédrale, une Université monumentale, des musées, des bibliothèques. Patras,

Syra, Nauplie, Poros, Astakos et tant d'autres petites cités, montrent que les Grecs ont en moins d'un tiers de siècle reconstruit vingt villes anciennes et élevé un grand nombre de villes nouvelles.

Si la Grèce a fait beaucoup pour les travaux publics, elle a fait plus encore pour l'instruction. Dans tout le pays, il n'y avait au temps des Turcs que quelques misérables écoles; il y a maintenant des facultés des lettres, des sciences, de droit, de théologie, des écoles normales, des séminaires, une école polytechnique (arts et métiers), une école d'agriculture, une école militaire, dix-huit lycées, cinquante-huit écoles élémentaires et près de douze cents écoles communales. En Grèce, dit un proverbe du pays, un village sans maître d'école est aussi rare qu'une vallée sans montagne. Et cette multitude d'écoles n'est point de la poudre jetée aux yeux des étrangers. Elle répond aux aspirations du pays. « A Athènes on trouve toutes sortes d'étudiants, excepté l'étudiant qui n'étudie pas. » De qui est cette phrase toute à l'éloge des Grecs, sans doute d'un philhellène aveugle? Nullement. Celui qui l'a écrite est un homme d'infiniment de talent et d'esprit, mais qu'on ne saurait accuser de partialité en faveur de la Grèce. C'est M. Edmond About. Cette diffusion de l'instruction, cette élévation constante du niveau des études porte ses résultats. La

8.

Grèce est le foyer intellectuel de l'Orient. Quatre-vingt-six imprimeries y publient annuellement plus de cent cinquante journaux, recueils et revues, et un nombre considérable de livres d'étude ou de littérature. Après les littératures française, anglaise, américaine, allemande et italienne, on peut placer la littérature néo-hellénique qui compte, au nombre de ses poètes, les Soutzo, les Zambellios, les Rhangabé, les Valaority, les Christopoulos; au nombre de ses érudits et de ses historiens, les Gennadios, les Coumanoudis, les OEconomidès, les Papaparrigopoulos, les Constantin Sathas. Et nous ne citons que les écrivains venus depuis la révolution. Nous ne parlons ni des merveilleux poètes anonymes des chants populaires, ni des savants comme les Coray et les Galanos, ni même de Rigas, le Kœrner de la Grèce qui, supplicié par les Turcs, eut comme Kœrner le suprême et terrible honneur de signer ses chants guerriers avec son sang.

II

Quand nous étions en route pour la Grèce, en 1868, nous aussi étions plein de défiance à l'égard de ce pays. Nous avions étudié la Grèce antique, mais nous ne connaissions la Grèce moderne que par la

Grèce contemporaine. Nous croyions ne trouver autour de l'Acropole qu'une bourgade à la Turque et nous étions bien persuadé que tout bon bourgeois grec passait ses dimanches dans les montagnes à faire la chasse au touriste. Le brigandage était, à notre sens, la seule industrie vraiment productive du pays. Ces préventions ne firent que s'accroître durant la traversée, grâce aux moqueries et aux récits alarmants d'un jeune officier de la marine de l'État qui rejoignait son bâtiment en station au Pirée. Remarquons, par parenthèse, qu'il est de fondation que chaque voyageur en route pour Athènes se rencontre sur le paquebot avec un officier de la marine de l'État, disant pis que pendre de la Grèce. En 1829, un enseigne disait à Edgar Quinet. « Qu'allez-vous faire dans cet effroyable pays ? » En 1852, un aspirant disait à M. Edmond About : « Comment allez-vous en Grèce sans y être forcé ? » En 1867, un lieutenant enlevait à un diplomate écrivain, M. H. d'Ideville, ses illusions sur la Grèce. Et voici qu'un quatrième officier — comme dans la chanson de Marlborough — nous chantait ce même refrain. Or, nous ne savions pas alors, comme nous l'apprîmes plus tard de lui-même, que ce beau parleur n'était point encore descendu à terre, quoiqu'il fût déjà resté six semaines en rade du Pirée. Il paraît qu'à bord du *Roland* on lisait Henri Heine, dont on connaît le beau paradoxe :

« Pour bien juger un pays, il est indispensable de ne pas le connaître. »

Mais à peine étions-nous depuis quelques jours à Athènes que nos idées avaient changé et que nos préventions s'étaient évanouies. Nous avions vu une petite capitale jolie et coquette, et, qu'on nous passe le mot, occupée à parfaire sa toilette. Nous avions remarqué partout l'animation, l'activité, l'ordre, l'intelligence, le bon vouloir. Nous avions rencontré des gens charmants, affables, hospitaliers, instruits et spirituels. Nous regardions ces ouvriers travaillant gaiement dans les chantiers et aux maisons en construction, ces matelots chargeant et déchargeant les marchandises sur les quais du Pirée, ces soldats sveltes et robustes, à l'allure martiale, manœuvrant sur les places. Nous étions charmés de cette hospitalité qui tient de l'Orient par la cordialité et de l'Occident par les manières exquises, si bien que chez des hôtes grecs on peut se croire en même temps sous une tente de Syrie et dans un salon de Londres. Nous étions agréablement surpris du sans-façon et de la simplicité de ces mœurs démocratiques. L'égalité entre les citoyens est absolue à Athènes. Les titres n'existent pas, et la richesse ni les fonctions publiques ne portent avec elles la morgue ou la vanité. Une fois sorti de son cabinet, où d'ailleurs il est plus accessible et plus aimable que ne l'est ici le dernier de nos sous-chefs de bureau, le ministre oublie sa position dans l'État et ne se considère plus que comme un simple citoyen [1].

Enfin, nous étions touché de la sincère reconnaissance à la France de ce pays qui sait se souvenir que l'expédition de Morée a plus fait pour son indépendance que la providentielle bataille de Navarin; et nous aimions déjà ce peuple intelligent, vaillant, patriote, religieux, sobre, et par-dessus tout séduisant, qui cache la quasi-austérité de la vie privée sous les dehors de la plus vive affabilité.

Un assez long séjour à Athènes, des excursions dans le Péloponèse, une étude plus sérieuse des

1. Il est arrivé, à ce propos, une amusante aventure, à un de nos secrétaires d'ambassade, M. Henri d'Ideville, qui est aussi un écrivain de mérite. Comme il rentrait un jour dans son appartement, il vit un vieux bonhomme en manches de chemise, perché sur une échelle et occupé à clouer et à déclouer des tableaux. C'était le propriétaire. Le diplomate l'interpelle assez durement, le priant de lui laisser le soin, à lui locataire, d'arranger l'appartement selon son bon plaisir. — Mais, monsieur, s'écrie doucement l'homme à l'échelle, vous ne savez donc pas que je suis grand officier de la Légion d'honneur? vous ne me parleriez pas ainsi. — Étonnement et excuses de la part du Français, qui ignorait en effet qu'il eût devant lui M. Rhallys, ancien ministre de la justice, ancien président du Conseil d'État et de la Cour des comptes. On trouverait cela tout naturel de l'autre côté de l'Atlantique, mais il semble que, dans la vieille Europe, on s'habitue avec peine aux mœurs démocratiques. — Ce qu'il faut remarquer aussi, c'est la parfaite bonne grâce du Grec, qui, s'adressant à un Français, ne lui décline pas ses titres et ses fonctions en Grèce, mais seulement la distinction honorifique qu'il tient de la France.

hommes, des institutions, des progrès réalisés au milieu des plus grandes difficultés, — un territoire trop resserré, une dette écrasante, un lourd budget, un sol que l'abandon a rendu infertile, les indemnités résultant de la cession des îles Ioniennes, le manque de bras et le pléthore de têtes, — nous montrèrent que la première impression que nous avions eue de la Grèce était la bonne. Dans nos voyages à Sparte et à Thèbes, à Corinthe, nous retrouvâmes la même activité, le même bon vouloir, la même hospitalité. Nous vîmes des fonctionnaires intelligents et lettrés, des officiers instruits, des populations actives. Pour les bandits, cet épouvantail des voyageurs, nous n'en eussions pas aperçu un seul, si nous n'avions visité les prisons de la citadelle de Nauplie qui en renfermait, nous devons le dire, un complet assortiment. Nous eûmes l'honneur d'être présenté à quelques-uns de ces ex-rois des montagnes qui attendaient l'heure de l'expiation avec l'insouciance orientale, en fumant de grosses cigarettes. Dès l'année suivante d'ailleurs, la loi martiale édictée contre eux ne leur laissait pas le temps de fumer des cigarettes après leur captivité. Mais nous parlons du passé. Le brigandage peut aujourd'hui être considéré comme disparu [1]. Ne le fût-il même pas

1. L'épouvantable tragédie d'Oropos (1870), qui n'a d'ailleurs eu ce dénouement qu'à cause de la pression maladroite des

tout à fait, qu'il ne faudrait pas en faire un crime à la Grèce. A-t-on jamais opposé à la grandeur de la France du XVIIIe siècle les exploits de Mandrin et de Cartouche? Les picks-pockets de Londres prouvent-ils que la police métropolitaine est mal faite? Assurément la route est plus sûre de Corinthe à Sparte ou d'Athènes à Thèbes que de Naples à Pæstum. Cela n'empêche pas l'Italie d'être une grande nation.

Est-ce à dire que pour ceux qui ne vivent pas à Athènes comme en communion avec le passé et qui se refusent à reconnaître dans les Grecs modernes les traits distinctifs des contemporains de Démosthène, la Grèce soit le Paradis retrouvé et les Hellènes un peuple parfait? Nous n'avons pas cette pensée. Des sévères reproches qu'on a prodigués aux Grecs, beaucoup sont bien fondés. Il faut déplorer cette turbulence politique, cette activité fébrile d'esprit qui n'est pas sans nuire à l'activité des bras et qui ne profite guère à l'agriculture. Mais

Anglais et des Italiens (au lieu de lancer la force armée contre des bandits qui avaient de tels otages, il fallait d'abord, au moyen d'une rançon, comme le proposait le gouvernement grec, retirer les prisonniers des mains des brigands; ensuite on eût vu à pendre ceux-ci), a été la fin du brigandage. Ceci, au reste, tient moins aux peines sévères édictées dès lors contre les brigands et à l'active poursuite qu'on leur a faite, qu'aux mesures que la Grèce a pu enfin concerter avec les Turcs, relativement au refuge dont les bandits étaient toujours assurés sur le territoire ottoman.

pourquoi, dans un esprit injuste, ne voir que le mal et se refuser à voir le bien? pourquoi accuser les Grecs de défauts qu'ils n'ont pas? pourquoi rendre la Grèce responsable d'un état de choses qu'ont créé les événements. Les Grecs avaient gagné de 1821 à 1829 l'admiration de l'Europe. Ils ont droit aujourd'hui à son estime et à ses sympathies.

De profonds politiques, — de ceux qui ne font pas de la politique de sentiment, apparemment, — traitent de fous et de révolutionnaires les Pallikares de 1821, parce qu'au lieu de faire la révolution, ils ne se sont pas soumis franchement aux Turcs. Grâce à leur intelligence et à leur habileté, ils auraient bientôt occupé tous les postes de l'empire, ils auraient eu toute l'influence, ils auraient tout réformé, et l'empire grec se fût ainsi peu à peu reconstitué sous l'égide du croissant turc. Pourquoi ne pas oser ajouter que les Grecs eussent bien fait aussi, pour réussir davantage dans cette belle œuvre, d'abjurer leur religion et d'embrasser l'islamisme? — Traîtres et rénégats, cela va bien ensemble.

Reprocher à la Grèce son existence de nation, c'est souffleter l'histoire. Le droit d'être un peuple, les Grecs l'ont chèrement acheté. La nation grecque a été baptisée dans le sang. On connaît l'héroïque suicide des femmes de Souli qui s'étaient réfugiées, durant une dernière bataille, au sommet d'une montagne escarpée. Pour ne pas subir les outrages des Turcs victorieux, elles se prirent toutes par la main et commencèrent, en chantant, une ronde à la mode antique. La Souliote qui conduisait la ronde s'approcha peu à peu de la crête du rocher. Quand elle fut au bord du précipice, elle s'y laissa tomber, et l'une après l'autre, chaque femme, sans lâcher la main de sa compagne et sans cesser són chant, vint à la même place tomber dans le gouffre. Cette ronde terrible et sublime, qui a la beauté d'un martyre chrétien et le caractère d'un sacrifice antique, est l'image de la Grèce à l'époque de la Révolution. Les Hellènes offraient leur vie en holocauste à la patrie. Ils formaient une ronde héroïque qui passait sous les balles, et ils tombaient tour à tour en chantant les hymnes de Rigas.

Pendant la guerre de l'Indépendance, plus de 250,000 hommes, femmes et enfants ont été tués au feu, massacrés, emmenés en esclavage ou sont morts de faim au milieu des villages en ruines, des forêts incendiées, des champs ravagés. L'île de Chio, qui comptait 95,000 habitants au début de la guerre, n'en avait plus que 15,000 en 1829; de 30,000 âmes, l'île d'Ipsara était tombée à 5,000; Athènes et Hydra avaient perdu la moitié de leur population. Pour des Français, pour des vaincus, n'est-ce pas une consolation dans le présent, un exemple dans l'avenir, que ce peuple grec qui, pendant quatre siècles de servitude, n'a jamais désespéré de lui-même, qui s'est révolté sans cesse contre la domination de l'étranger, qui, enfin, par une lutte acharnée de neuf années, a su recouvrer son indépendance nationale; indépendance qu'il est toujours prêt à défendre, jusqu'à son dernier homme réfugié sur la dernière montagne du Péloponèse.

II

LES TURCS

I

En 1825, il était de mode d'être philhellène ; en 1875, il est de bon ton d'être turcophile. Rien ne va bien en Grèce, mais tout est pour le mieux dans la meilleure des Turquies possibles. On exige qu'Athènes devienne un petit Paris, mais on souhaite que Constantinople reste Constantinople. Des becs de gaz à Stamboul ! ce serait un crime de lèse-caractère ; mais Athènes doit s'éclairer à la lumière électrique. En Turquie, le délabrement est beauté, l'immondice pittoresque, l'incurie couleur locale, la paresse dignité, l'insouciance fatalisme, la tyrannie autorité.

Devant un tribunal turc, si vingt témoins chrétiens nient un fait qu'un seul témoin musulman affirme, les juges tiennent le fait pour vrai. Il en est un peu de même au tribunal de l'opinion publique en Occident. Les longues circulaires de la Sublime-Porte sont articles de foi, et c'est avec dédain qu'on révoque en doute les plaintes des raïas et les Notes de la chancellerie hellénique. On s'est tant parjuré sur l'Évangile qu'on ne croit plus qu'aux serments par le Koran. Mais la bonne opinion qu'on a des Turcs n'empêche pas ceux-ci d'être sur le point de justifier la prédiction qu'a faite lord Palmerston dans un accès de belle humeur : « Deux choses sont destinées à être mangées : les huîtres fraîches et la vieille Turquie. »

Menacée au dehors par les ambitions puissantes de la Russie et par les légitimes revendications de la Grèce, au dedans par les nobles aspirations de ses populations chrétiennes et par le germe de mort même qu'elle porte en elle, la Turquie voit s'approcher l'heure où elle doit subir le sort « des huîtres fraîches ». — La question est de savoir qui fera sauter, à coups de canons, le bouchon du vin de Sauterne. — En vain, la Turquie accumule à l'étranger emprunts sur emprunts, n'en payant les intérêts qu'avec la solde de ses officiers et de ses employés civils qui sont jusqu'à deux ou trois années sans toucher une piastre. En vain, elle va, comme un navire privé de boussole et d'ancre, du ministère de l'action au ministère de la réaction, du parti « de la jeune Turquie » au vieux parti musulman. En vain, elle invoque à tout propos ce fameux équilibre européen que chaque nation, à tour de rôle, ne se prive pas de détruire quand son propre intérêt le réclame. En vain, elle prend comme ministres, vizirs petits et grands et autres mamamouchis, afin sans doute de paraître se régénérer à l'Européenne, des pachas retour de Paris et connus par leurs paris aux courses, leurs différences dans les cercles, leurs bonnes fortunes à coups de billets de banque et leurs collections d'art pornographique. En vain, elle confie ses armées à des Polonais et ses flottes à des Anglais, confessant ainsi qu'elle doute de trouver dans ses sujets les capacités du commandement. La Turquie est condamnée en vertu de la loi naturelle qui veut que tout ce qui ne croît plus dépérisse. Or, depuis plus de deux siècles que la Turquie a cessé de grandir, elle a vu chaque jour son territoire s'amoindrir, ses forces décroître, son état intérieur empirer. Elle a laissé faire sans réagir, selon la philosophie fataliste des Ottomans. Les Turcs d'ailleurs ne se dissimulent pas qu'il leur faudra quelque jour lever le camp qu'ils ont établi en Europe. On dit que les Musulmans riches se font enterrer sur la rive asiatique du Bosphore afin d'être assurés que leur corps reposera toujours en terre mahométane, et un voyageur raconte que causant avec un vieux Turc et le raillant sur sa demeure qui menaçait ruine, celui-ci lui répondit : « Les nations d'Europe doivent nous partager. Nos destinées sont écrites. Pourquoi veux-tu que je répare ma maison pour un infidèle? »

Cette manière de voir explique l'état d'incurie de toute la Turquie. Pourquoi construire, défricher, faire des routes, organiser, si c'est pour profiter aux giaours? Et, en effet, où sont en Turquie les travaux exécutés, les réformes tentées, les progrès réalisés? Il y a quelques lignes de chemins de fer, mais ce sont des Européens qui les ont placées. Pour les routes, qui sont du ressort du gouvernement, on n'en fait pas, car le proverbe musulman dit : « Faire une route, c'est tenter Dieu, car, s'il devait y en avoir, Dieu en aurait certainement mis. » Sur toute la côte du Bosphore, il n'y a pas un service de poste. Quand on entre dans une petite ville de l'intérieur, où la population est mixte, on est frappé de la différence qui existe entre le quartier turc et le quartier chrétien : ici ce sont des ruelles tortueuses, des bouges infects; là, des rues et des maisons à l'européenne. Le sultan a créé une marine de guerre importante, ou à mieux dire un matériel de marine, mais le personnel y fait défaut. La Turquie a une marine ; elle n'a pas de marins. On en a la preuve sur les paquebots turcs; le bâtiment a été construit en Angleterre, le capitaine est Épirote, le pilote est Grec, les matelots sont Albanais. L'industrie, le peu qu'il y en ait, et le commerce sont entièrement dans les mains des chrétiens et des juifs. La terre n'est cultivée que par les raïas thessaliens, bulgares, rouméliotes. Il y aurait indignité à un vrai Osmanli de faire œuvre de ses mains. Des impôts écrasants ne profitent pas au Trésor, car ils sont affermés pour la plupart. Ce sont des intermédiaires, juifs ou arméniens, qui font les bénéfices. Le gouvernement ne s'enrichit pas et la population est ruinée. Un exemple entre mille et un, donné par un ancien consul général en Orient. Les récoltes de l'Épire s'élevèrent une année à 22,054,548 piastres et les dépenses de l'administration de cette province à 11,209,900 piastres. Il restait donc un excédant de plus de 10,000,000 de piastres. Or, grâce au désordre qui règne dans le fisc et à l'infidélité des employés, l'exercice du budget de l'Épire se régla avec un déficit notable pour l'État.

Les sujets chrétiens de la Porte doivent à l'État la dîme et l'impôt. En échange, l'État ne leur fait aucun avantage. Le Gouvernement n'a cure de travaux publics, et sa munificence envers les écoles se borne à permettre aux raïas d'en fonder par souscription. La justice est au plus offrant, l'administration toute arbitraire. Les Turcs font grand bruit de leurs conseils généraux. Leur composition montrera ce qu'ils valent. Le pacha est président. Les hauts fonctionnaires, au nombre de sept, font partie de droit du conseil. Reste cinq conseillers à élire. De ces cinq, trois seront élus parmi les musulmans qui

ne comptent dans telle province que 4,000 coreli-
gionnaires, tandis que deux seulement seront élus
parmi les chrétiens, qui sont .60,000. La justice,
rendue par des musulmans sur le témoignage des
musulmans seuls, n'offre pas plus de garanties.
« Pas de *batchich*, pas de juge », dit un adage
populaire.

II

Pour connaître les Turcs, il ne suffit pas de visiter
Constantinople et d'être convié à la table du grand
vizir, il faut les voir en province, loger sous leur
toit, vivre de leur vie. Nous n'avons eu ni le temps
ni le courage de parcourir les provinces turques,
mais il y a pour nous renseigner des témoins dignes
de foi. Écoutons M. Poujade, qui a été consul de
France à Janina [1]. Il nous montrera jusqu'où vont
le fanatisme et la tyrannie. Pendant les premiers
temps de son séjour, il ne pouvait sortir dans la ville
sans qu'on lui fît des menaces, qu'on l'appelât giaour
et chien et qu'on lui jetât des pierres et des bâtons.
Un jour, son cavas (un pallikare) fut presque mas-
sacré par la populace. Il ne fallut pas moins que
la menace de hisser le pavillon français pour obte-

1. *Chrétiens et Turcs, scènes et souvenirs de la vie politique
et religieuse en Orient*, par M. Eugène Poujade.

nir du gouverneur, — homme qui se piquait d'usage et qui disait fièrement : « Je sais très bien me servir d'une fourchette, » tout en prenant un morceau de viande avec ses doigts, — que justice lui fût rendue. Un autre fait peut donner l'idée du cas que les Turcs font de la liberté individuelle, de l'*habeas corpus*. Le fils d'un épicier grec, âgé de huit ans, fut enlevé en plein jour par un chef de bataillon qui n'avait pas d'enfant et qui en désirait vivement. Le pauvre petit fut bel et bien circoncis. Aux remontrances que le consul, ému de la douleur du père, fit au pacha, celui-ci se contenta de répondre : « Je ne puis rendre un enfant fait musulman par la circoncision. L'enlèvement d'ailleurs a eu lieu en Ramazan. Pendant ce temps, il faut beaucoup accorder au sentiment religieux. » Après le rapt, l'assassinat. Un riche Effendi avait pour domestique un Grec du nom de Georges. Il prit une fois fantaisie au Turc de faire entrer le Grec avec lui à la mosquée, sous prétexte que celui-ci était devenu musulman. C'était un mensonge : Georges refusa. Le maître s'obstina, le domestique résista. Cela fit du bruit, et le dénouement de l'histoire est que le Grec fut pendu.

Ceci est de la tragédie ; voici maintenant de la comédie. M. Albert Dumont, aujourd'hui directeur de l'École française d'Athènes, qui a parcouru toute la Turquie, nous peint le gouverneur d'un *villayet*, une des grandes divisions administratives de la Turquie [1]. L'antichambre de son palais est pleine de zaptiés (gendarmes) vêtus sordidement, qui font leur cuisine à la porte même de la salle d'audience. Pour lui, c'est un jeune homme de bonne mine, élevé dans la clientèle d'un grand seigneur. On lui a donné cette charge, à laquelle il n'avait aucun droit. Il est juste d'ajouter qu'il n'avait non plus aucune capacité pour la remplir. Que lui importe? il la remplit tant bien que mal, suppléant à son insuffisance par une dignité froide. Il restera en fonction jusqu'à la chute de ses protecteurs. D'ici là, il espère amasser assez de *batchichs* pour attendre en paix, pendant sa disgrâce, des jours plus heureux.

D'autres pachas ne se contentent pas des *batchichs* et de leurs appointements pour s'assurer un capital

---

1. *Le Balkan et l'Adriatique*, par M. Albert Dumont. — M. Albert Dumont, que nous avons connu en Grèce et qui est aujourd'hui, grâce à ses beaux travaux épigraphiques, aux premiers rangs de l'érudition contemporaine, n'est pas un philhellène de l'école de 1827; mais ce n'est pas non plus, selon la mode du jour, un ennemi systématique des Grecs. Il est avant tout impartial, et c'est à cause de cette impartialité que son nouveau livre s'impose aux hommes politiques et aux diplomates, en même temps qu'il se recommande aux érudits par ses savants aperçus sur certains points d'archéologie, et au public par ses spirituels récits. M. Albert Dumont connaît bien les Grecs; mais, avant de les condamner, il a voulu les comparer aux autres peuples de l'Orient, et surtout à leurs voisins les Turcs.

en cas de soudaine destitution. Celui de Trébizonde,
par exemple, perçoit les sommes nécessaires à la
solde et à l'entretien d'un régiment de 3,000 hommes,
et il réduit le régiment à 40 hommes. Quel béné-
fice ! Et Trébizonde n'en est pas plus mal gardée.
C'est par la même cause qu'un bataillon tenant garnison dans nous ne savons plus quelle ville des Dar-
danelles, a vu son effectif réduit à deux hommes !
Un voyageur anglais [1] qui connaissait le *defterdar*
(administrateur des finances) d'un villayet, raconte
que ce fonctionnaire lui montra un jour deux livres
en disant : « Celui-ci est un compte exact de toutes
les sommes payées ou à payer (je le tiens pour moi
personnellement); l'autre est celui que j'envoie au
gouvernement. Chaque somme y est réduite de moitié. Voyez, il y a 50,000 bourses (250,000 livres
sterling) de recettes dans le premier, et je n'accuse
que 25.000 bourses dans le second. »

Le pacha d'Andrinople est un grand pacha, comme
dit la chanson. Il est maître souverain de la province, chef de la police, général d'armée, président
des conseils généraux et des tribunaux. Il est la
centralisation faite homme. Rien ne se fait que par
lui. Rien ne devrait se faire que par lui, serait-il
plus juste de dire, car pour la moindre chose il en

1. William N. Senior, *la Turquie contemporaine.*

réfère à Constantinople. Un peintre français aborde un jour deux soldats turcs qu'il veut faire poser pour un tableau. Tout le monde intervient, pacha, généraux, colonels. On hésite ; chaque jour, pendant deux mois, on promet et on refuse. Un placet est enfin envoyé au grand vizir, et le lendemain deux colonels en grande tenue arrivent chez le peintre avec l'ordre officiel de poser. L'omnipotence des pachas leur impose parfois de singulières obligations. Qu'on en juge. En 1867, une armée de rats fait invasion dans la vallée de l'Hèbre. Le pacha ne se borne pas à un arrêté ordonnant leur destruction : il prêche d'exemple. A la tête des fonctionnaires et des magistrats armés de gros bâtons, il court les champs et massacre héroïquement les rats. Il faudrait un second Homère pour chanter cette *Pacha-myomachie!*

On ne vend plus d'esclaves dans l'Empire ; c'est la Porte qui le dit. Cependant, le directeur de l'École d'Athènes a vu à Baba-Eskisi quatre odalisques qu'un mudir venait d'acheter à Constantinople. Il se proposait d'en garder une et de donner les autres à l'iman, au cadi et au moutésarif. Les Turcs qui se piquent de générosité offrent, au lieu d'une riche fourrure, une belle Circassienne au fils ou au frère du pacha. On dit même qu'assez souvent des hommes au service des pachas viennent chercher des odalisques en

Occident. Une fois au harem, elles sont musulmanes et personne ne sait ce qu'elles deviennent. Il y a deux ou trois ans, un Francais allant de Paris à Marseille se trouvait dans le wagon avec un Levantin. A une station, ce compagnon de voyage, qui paraissait d'ailleurs un parfait gentleman, le quitta un instant. « J'ai là, lui dit-il, une douzaine de femmes que je mène à Constantinople ; je leur rends la vie douce durant la route. Elles auront le temps de s'ennuyer dans les harems. »

Ce qu'il y a de meilleur en Turquie, c'est l'armée. L'infanterie turque (nous parlons des troupes régulières) a toutes les qualités qui font le bon soldat, la discipline, le courage, la vigueur et la sobriété. Malheureusement les officiers sont mal payés, les troupes mal vêtues et peu nourries,—ce qui est abuser de leur sobriété, — enfin le népotisme règne dans l'armée. Tout y est à la faveur et à l'intrigue. Des officiers qui ont fait leurs études à l'École de Saint-Cyr restent lieutenants après quinze ans de service. Et ils ont des colonels de vingt ans qui ne savent pas distinguer la marche en colonne de la marche en bataille, et qui, dans leur ardeur belliqueuse, ne se contenteraient pas de prendre une demi-lune, mais voudraient, comme Mascarille, prendre une lune tout entière.

Juin 1875.

VII

LES CHANTS POPULAIRES

DE LA GRÈCE

I

« Chants populaires, disait Adam Miçkiówicz, arche d'alliance entre les temps anciens et les temps nouveaux, c'est en vous qu'une nation dépose les trophées de ses héros, l'espoir de sa race, la fleur de ses sentiments. Vous naissez avec elle, et avec elle vous mourez. » Ces beaux vers s'appliquent admirablement aux chants du peuple hellène. C'est dans ses hymnes guerriers que la flamme du patriotisme s'est conservée ardente et brillante, c'est dans ses légendes glorieuses que s'est perpétué le souvenir des héros. Les cantilènes des moissonneurs grecs contemporains d'Homère et les chansons des chevriers qui mènent aujourd'hui paître leurs maigres troupeaux sur les versants du Taygète ou de l'OEta, sont les premiers et les derniers chaînons de la longue chaîne de la poésie populaire hellénique.

Dans l'antiquité, à côté de la grande poésie des Homère, des Alcée, des Pindare, des Sophocle, il y avait l'humble poésie populaire qui, quoique plus ancienne, pâlit rapidement devant l'éclat souverain de sa rivale. Elle ne mourut pourtant pas ; mais, pareille aux petites fleurs des champs, elle fleurit et vécut au fond des bois, sur les cimes des montagnes, où les grandes voix athéniennes n'avaient pas pénétré. Au citoyen d'Athènes qui assistait plusieurs fois l'an aux représentations des tragédies d'Euripide et des comédies d'Aristophane, au marchand corinthien qui courait sans cesse les îles et le continent, s'arrêtant aux fêtes locales et aux fêtes panhelléniques, où les vers des poëtes alternaient avec les exercices des lutteurs, au riche insulaire qui avait à sa solde des troupes de chanteurs et de citharistes, qu'importaient les rhytmes naïfs de la poésie populaire ? Mais à l'hilote dont toute la vie se partageait entre les semailles et la moisson dans les plaines de la Messénie, à la femme thessalienne qui berçait son nouveauné, au matelot du navire de commerce qui n'avait jamais d'autre horizon que l'eau bleue et le ciel bleu de la mer Égée, ne fallait-il pas quelque chant de

travail, quelque refrain mélodieux, quelque légende
d'amour?

Avant les Homérides, on chantait *le Lytiersès* en
sciant le blé et l'*Erésione*, en quêtant aux fêtes
d'Apollon. Par des chants on invoquait les dieux.
Dans la Grèce historique, il y avait les nomes ou
chants des lois, les péans ou chants des guerres, les
épithalames ou chants des noces, les olophyrmes ou
chants des funérailles. Chaque saison de l'année,
comme chaque âge de la vie, avait ses chansons. Au
mois de munychion, on chantait le Péan du printemps; pendant les thargélies, c'était la chanson de
la Branche de figuier; aux vendanges, c'était le chant
du Bouc. Il y avait les chants des moissonneurs, les
chants des bouviers, les chants des pâtres, les chants
des éplucheurs de grains, les chants des meuniers,
les chants des nourrices, les chants des tisserands. Il
y avait les hymnes des vierges de Sparte, et il y
avait les scolies ou chansons de table des débauchés
d'Athènes, qu'ils répétaient à la ronde en se passant
de main en main un rameau de myrte.

La chanson d'Hybrias de Crète est un chant populaire : « J'ai pour richesse une longue lance, une
épée et un beau bouclier. Avec la lance je laboure ;
avec l'épée, je moissonne ; le bouclier me sert à
fouler le bon raisin. » Le célèbre hymne à Harmodios est aussi un chant populaire : « Je porterai

mon glaive sous une branche de myrte ; j'imiterai Harmodios et Aristogiton qui tuèrent le tyran et établirent l'égalité dans Athènes. — Cher Harmodios, tu n'es pas mort. On dit que tu es dans les iles heureuses où sont Achille aux pieds rapides et Diomède, le vaillant fils de Tydée. — Je porterai mon glaive sous une branche de myrte. J'imiterai Harmodios et Aristogiton qui tuèrent le tyran Hipparque et établirent l'égalité dans Athènes. — Que votre gloire brille toujours, cher Harmodios, cher Aristogiton, parce que vous avez tué le tyran et établi l'égalité dans Athènes. »

Il y a mille fragments de chansons dans Athénée, et il y a plus d'une chanson dans les épigrammes de l'Anthologie. Les Grecs avaient des chansons qui étaient des maximes : « Quand on est encore à terre, il faut s'assurer qu'on a tout ce qui est nécessaire pour entreprendre la navigation ; mais quand on est sur mer il faut aller selon le vent. » Ils en avaient qui étaient des aphorismes : « Le premier de tous les biens est la santé, le second la beauté, le troisième les richesses amassées sans fraude, le quatrième la jeunesse qu'on passe joyeusement. » Le buveur avait un refrain pour l'hiver et un refrain pour l'été : « Jupiter pleut, le mauvais temps s'annonce, la gelée arrête le cours des eaux. Chasse le froid, ami, fais un bon feu et surtout bois du vin en grande quantité, et qu'il soit de couleur foncée. » — « Humecte tes poumons de vin ; l'astre qui brûle se lève, et toute la nature a soif à cause de la chaleur. »

Les poëtes antiques se sont souvent inspirés de la poésie populaire. « Plût au ciel, dit une ancienne chanson, que je devinsse une belle lyre d'ivoire et que de jolis enfants me portassent à un chœur bachique ! Plût au ciel que je fusse un or tout neuf qui n'eût point encore passé par le feu et qu'une belle jeune femme me portât sur elle. » Ces six petits vers contiennent toute l'idée de cette charmante ode d'Anacréon à sa maîtresse : « Puissé-je devenir un miroir pour que sans cesse tu jettes sur moi les yeux ! Que ne suis-je ta tunique pour te toucher toujours ! Que ne suis-je l'eau où tu plonges ton corps, et les essences dont tu le parfumes ! Je voudrais être la perle de ton cou, et la bandelette qui retient ton sein. Je veux être ta sandale pour que tu me presses de tes pieds. »

Le fameux *Nunc est bibendum* d'Horace est l'écho du Νῦν ἀχρὶ μεθύσειν d'un chansonnier inconnu. Théocrite dans sa dixième idylle, semble donner l'antique chant des moissonneurs : « Dèmêter, aux grains et aux épis abondants, que cette moisson réussisse et qu'elle soit facile. — Vous qui faites les gerbes, moissonneurs, ayez soin de les bien lier, afin que les passants ne disent pas : Voilà des mercenaires qui ne gagnent pas leur salaire. — Que les javelles soient exposées aux vents du nord ou du couchant, afin que les épis se gonflent. Que les batteurs de blé ne dorment pas à midi; c'est l'heure où le grain se détache le plus aisément de l'épi. Les moissonneurs doivent commencer leur travail au chant de l'alouette et ne le cesser que lorsqu'elle s'endort. Qu'ils soient insensibles à la chaleur. — Que le sort de la grenouille est enviable! Elle ne s'inquiète pas de qui lui donnera à boire. Elle en a toujours abondamment. »

On ne doit pas s'attendre à retrouver dans les chansons néo-helléniques les mêmes idées, les mêmes sentiments et les mêmes expressions que dans les chansons grecques de l'antiquité. La poésie populaire des Grecs modernes est bien une continuation de l'antique poésie populaire; mais que d'altérations elle a subies! Les temps changent et nous changeons avec eux : *Tempora mutantur et nos mutamur in illis.* Aux chants d'un peuple libre succèdent les chants d'un peuple en servitude. Les sourires de l'amour païen se fondent dans les larmes de l'amour chrétien. L'eupatride d'Athènes, beau comme la femme et la traitant d'égal à égale, disparaît devant le soupirant moderne, avec ses inquiétudes, ses mélancolies, ses désespérances. Quoiqu'ils soient restés un peu idolâtres, comme tous les chrétiens des contrées méridionales, les Grecs n'adressent pas à la Panagia l'hymne à Héra ou à la Bonne Déesse. Les sentiments ne sont plus les mêmes ; ils vont s'exprimer autrement. Par un étonnant effort de volonté et par de merveilleux artifices de style, certains rhéteurs des ive et ve siècles de notre ère conservent encore à leurs écrits l'apparence des œuvres de la grande époque ; mais chez les auteurs sacrés on sent que le monde nouveau est né, apportant en lui de nouvelles aspirations et un nouvel idéal. Même dans la littérature profane, — Héliodore, Xénophon d'Éphèse, Chariton d'Aphrodisias,— il y a des récits d'un caractère tout moderne, et, chose plus singulière, il y a déjà des mots, des tournures de phrases, des idiotismes qui appartiennent à la langue qu'on parle aujourd'hui à Athènes.

II

La littérature populaire de la Grèce moderne est guerrière et amoureuse. L'âme du peuple grec chante dans la trompette et soupire dans les cordes de la cithare.

Dès le premier jour de la conquête turque, les Grecs de l'extrême nord et de l'extrême sud, de l'Épire et du Magne, prirent les armes pour la défense du sol hellénique et de l'étendard de la croix. Triomphants quelquefois, vaincus souvent, décimés, repoussés au haut des montagnes et dans le fond des ravines, mais faisant payer cher la victoire à leurs vainqueurs, ils ne se soumettaient que pour se révolter de nouveau. La domination des Ottomans ne fut jamais fortement établie en Grèce. L'incendie, éteint ici, se rallumait là. Quand les Grecs ne se battaient plus, ils chantaient; — « nous ne sommes jamais inactifs, dit une chanson, du sabre ou de la voix » — et à leurs chants se levaient d'autres combattants. Par des récits de batailles et de morts glorieuses, de martyres et d'exploits, par des hymnes à la patrie et par des lamentations funèbres sur les vaillants tués à l'ennemi, l'improvisation populaire entretenait dans le cœur des Grecs le feu sacré du patriotisme et de la foi. « Gémissez, chrétiens de l'Orient et de l'Occident, dit le chant qui ouvre le cycle des chansons patriotiques, gémissez et pleurez sur cette grande ruine. Le mardi, vingt-neuvième jour de mai de l'an mil quatre cent cinquante-trois, les fils d'Agar ont pris la ville de Constantinople. Ils dévastent les églises, déchirent les saintes images, brisent la croix d'argent et la foulent aux pieds. Ils entrent à cheval dans les temples des saints et jettent à la rue l'hostie immaculée. Ils tuent les prêtres et violent les vierges [1]. »

1. Cette chanson est tirée d'un recueil de chansons grecques modernes, publiées et traduites pour la première fois d'a-

Ce ne sont encore là que d'impuissantes lamentations. Mais les larmes se feront nuées, et des nuées sortira la foudre. Le capitaine Nicolas Tzouvaros lève l'étendard de la révolte, « l'étendard rouge et bleu sur lequel brille la croix d'argent ». Cerné par un gros de Turcs, il se fraie un sanglant passage et

près un manuscrit de la bibliothèque de Vienne, par M. Émile Legrand. Le grand intérêt de ce recueil est qu'il est composé en majeure partie de chants populaires antérieurs au xvie siècle. Or, jusqu'à ce jour, on n'avait pour ainsi dire publié que des chansons grecques de la fin du xviiie siècle et du commencement du xixe. Dans le livre presque classique de Fauriel, dans le recueil de Marcellus, dans ceux de Passow et de Tommaseo, dont nous citons aussi plusieurs pièces, il ne se trouve guère que quelques chants datant d'avant la Révolution grecque. Il y a bien *la Destruction d'Andrinople*, *la Prise de Constantinople*, *le Chant de Trébizonde*, qui sont de la fin du moyen âge, mais c'est tout. — On connaissait d'ailleurs l'existence de ces anciens chants. Le docte Huet, entre autres, avait dit, à la fin du xviie siècle, qu'il existait un recueil manuscrit de chansons populaires grecques modernes; mais ce manuscrit est encore à retrouver. Vers le milieu du règne de Louis XIV, à cette époque où les premiers voyageurs en Grèce attribuaient le Parthénon, encore presque intact, à un architecte romain, le sieur de La Guilletière avait dit aussi dans son livre : *Athènes et Lacédémone anciennes et modernes :* « Les tragoudis ou chansonnettes du grec vulgaire, qui retentissent aujourd'hui dans les bourgades du Parnasse et dans les grottes de l'Hélicon, ne seront peut-être pas indignes d'être conservés avec les poëmes excellents de l'antiquité... J'en donnerai quelque jour une traduction. » Mais ce La Guilletière, qui s'appelait tout simplement Georges Guillet, eût été fort empêché de donner la traduction de ces chansonnettes, « qu'il avait entendues dans les bourgades du Parnasse et dans les gorges de l'Hélicon », attendu qu'en fait d'Illisus, il n'avait jamais vu que le ruisseau de la rue du Bac, et que son « long et pénible voyage en Grèce » n'avait été qu'un voyage autour de sa bibliothèque.

retourne à Karpénisi « faire la Pâque, fêter la résurrection du Christ, rôtir l'agneau et manger les œufs rouges ». Après vingt combats, les Pallikares de Tzolkas, harassés de fatigue et mourant de faim, refusent de marcher à l'ennemi. Ils disent : « Comment veux-tu que nous combattions, capitaine, avec les chaleurs de juillet et l'ardent soleil d'août ? Nos fusils brûlants ne veulent plus manger de poudre. » Mais Tzolkas tire son sabre et répond : « Dégainez vos sabres et marchons en avant ; il faut que villes et villages apprennent que le capitaine Tzolkas a combattu contre trois milliers de Turcs, avec les chaleurs de juillet et sous l'ardent soleil d'août. » Le combat dure trois jours et trois nuits, et le chef passe sur le ventre des Turcs avec tous ses Pallikares. « Et, comme un épervier, il prend son essor vers la cime des hautes montagnes. »

Une belle action n'a pas besoin d'être louée ; elle n'a besoin que d'être racontée. Souvent les Grecs atténuent l'effet de l'héroïsme en célébrant le héros avec trop d'emphase. Souvent aussi ils atteignent dans leurs récits à la simplicité laconienne. A ce point de vue, cette courte légende est frappante : « Trois braves ont formé le projet de surprendre la ville de Grabuze. Le premier, Butzo-Marco, escalade le rempart et à lui seul tue plusieurs hommes avec son sabre : — Venez, mes braves enfants, tuer les Turcs. Je ne puis plus avancer, car ma mort est arrivée. — Le premier tué fut Butzo-Marco ; mais bientôt, à la même place, ils tombèrent tous les trois. »

Il n'y a pas moins de simplicité dans le récit du drame sublime de Souli. Ali, pacha de Janina, a en otage six enfants des Souliotes. Il en fait pendre quatre, puis il envoie dire aux deux chefs des révoltés, Tzavellas et Drakos, qu'il a épargné leurs fils, mais que si Souli ne capitule pas, ces deux enfants auront le sort des autres otages. « A ces paroles, dit la chanson, Tzavellas et Drakos éprouvent une grande douleur. Ils réunissent leurs soldats et ils appellent le prêtre. Et ils disent : Agenouillez-vous et priez ; et toi, prêtre, chante les psaumes des morts pour nos six otages, les six enfants des Souliotes que le pacha a fait tuer. »

Comme ces coureurs antiques qui se passaient les torches, en Grèce les générations se succèdent et se transmettent l'épée du combattant : « Je suis trop vieux, dit Dimotzios, pour être capitaine : la première place ne me convient plus. Mais j'ai un fils pour le sabre, un fils pour le fusil, et j'en ai un autre, le plus jeune, pour porter l'étendard. »

Un Pallikare, tué par trahison, s'écrie en mourant : « Je laisse après moi mes enfants : ils rachèteront mon sang avec des têtes turques. » Le capitaine Lambros, blessé mortellement, donne son sabre

et son fusil à son fils, et il lui dit : « Te voilà maintenant capitaine. Fais-moi une tombe, large et haute
afin que j'y puisse tenir debout, et fais-y une fente
à droite pour que la voix de ton mousquet, dans
le combat, arrive jusqu'à moi. »

Les Pallikares n'estiment rien de plus beau et de
plus enviable que la mort du champ de bataille. A
la fin des repas de bivouacs, ils se portaient mutuelle-
ment cette santé, comme souhait de bonheur : καλον
μολυε, à une bonne balle! Aussi, les approches de
la mort n'abattent pas le héros grec; elles l'exal-
tent, elles le transportent. Il jette son dernier cri
comme on déploie une bannière de bataille.
« Mange ma chair, dit le Klephte du mont Olympe,
mange ma chair, aigle, pour que ton aile croisse
d'une aune et ta serre d'un empan. » — « Souliotes,
dit Marco Botzaris, n'arrêtez point le combat. Ne
me pleurez pas; c'est la Grèce entière qui me pleu-
rera. Écrivez à ma femme qu'elle ne pense qu'à
l'enfant et qu'elle lui fasse apprendre à lire. » —
« Compagnon, dit Ghipthakis, je suis blessé! Achève-
moi, coupe-moi la tête et cache-la, afin que les ennemis ne se réjouissent pas de ma mort. » — « Qu'importe ma mort! dit Kitzos, le sang des braves
fait pousser des lames de sabres, dru comme le froment ».

Il y a chez les montagnards hellènes des réponses

à la Léonidas. Un chef turc somme Tzélios de se soumettre au pacha de la province : « Tant que Tzélios est vivant, il ne se soumet pas. Tzélios n'a pour pacha que son sabre et pour vizir que son mousquet. » Le révolté Kontoghianis avait déjà fait graver sur la lame de son sabre : « Le sabre seul est la liberté, l'honneur et la vie. » Un autre chef klephte arrête au passage un gros de Turcs et il dit au pacha qui les commande : « Pacha, ici, ce n'est pas le pays soumis aux Osmanlis ; ici, ce n'est pas la Morée : ici, c'est les fusils des Klephtes. »

La femme grecque n'a pas l'âme moins virile que celle de l'homme. Elle a des accents de mère spartiate : « Fanez-vous, platanes touffus ; cessez vos chants, rossignols du mont Olympe : nous venons d'être vaincus. Et vous, mes enfants, soyez maudits, et puissent vos corps ne pas pourrir si jamais vous faites votre soumission à la Turquie ! » A Cordyle, il y a une Jeanne Hachette : « Dans le combat, son corsage se déboutonna, et l'on put voir ses pommes d'or cachées sous le lin. Et le chien de Turc poussa un cri aigu et dit : — C'est contre une femme que nous nous battons, c'est une femme que nous attaquons, c'est le glaive d'une vierge qui décapite les janissaires .»

Par le grand souffle patriotique qui les anime et par les mâles expressions qu'ils trouvent, les chants guerriers semblent s'inspirer des modèles de la Grèce antique. Dans les chants d'amour, au contraire, on sent l'influence orientale. La poésie érotique est énervée par la conquête turque. Ce sont les métaphores outrées et les comparaisons hyperboliques de cette langue des Ottomans qui ne sauraient aborder un pacha sans l'appeler : « Lumière des lumières, dont la grandeur défie toute assimilation. » La femme aimée, dans la même pièce, devient tour à tour une perdrix, une tourterelle, une paonne, un monceau de froment, le soleil, la lune, le rameau de l'âme et la vigne grimpante du cœur. Elle est rose, pomme, coing et basilic. Elle a des beautés dorées.

« Soie blanche et cramoisie, or de Constantinople, laiton de Galata ! » ainsi un amant parle à sa maîtresse. — « O ma bien-aimée, dit un autre, tu as les lèvres veloutées comme la prune ; ton regard est sucre, miel et rosée ; tu es la lumière de mes yeux. Je m'étonne que les arbres ne fleurissent pas quand tu marches. » — « Tes yeux sont doux comme l'olive, tes lèvres rouges comme le corail, et mon cœur tremble comme un frêle rameau. » Un bel amoureux va plus loin encore : — « Tu es le ciel, mon cœur, tes yeux sont la lune, tes sourcils l'arc-en-ciel, et ils ont transpercé mon âme. »

Les vieux Grecs eussent répudié toutes ces hyperboles, eux qui préféraient les plis nobles et gracieux du péplos à la robe perse roide d'or. Et de nos jours, ces images, si poétiques qu'elles soient, sont quelque peu surannées; mais, au xve siècle, créées par des pâtres et des matelots, elles ne l'étaient assurément pas. D'ailleurs, leur profusion et l'excès même de leur richesse les sauvent. Si on ne les rencontrait que de dix lignes en dix lignes, elles irriteraient à en jeter le livre; mais, ainsi prodiguées, elles nous transportent comme le Cantique des Cantiques dans des jardins d'apothéoses, éclairés par des feux de Bengale, où les arbres d'émail portent des fruits de pierres précieuses, où les cascades roulent des flots diamantés et où tournoient des colonnes de lumière. Ce sont les splendeurs invraisemblables d'une féerie; il n'y faut point chercher les termes mesurés ni la modération des sentiments d'une comédie du Théâtre-Français. Le soleil de Grèce brûle les têtes et enflamme les cœurs. Ce n'est pas par amour de la rhétorique que le Klephte de Thessalie compare sa maîtresse au soleil, c'est parce qu'il ne sait rien d'assez beau, rien de trop beau pour lui être comparé. — Ton amante est-elle grande? demande-t-on à un personnage de Shakspeare. — Juste au niveau de mon cœur, répond celui-ci. L'emphase du Grec est au niveau de son cœur. Ne bat-il pas bien violemment ce cœur qui inspire de telles paroles :

« Tue-moi de ta main avant que je ne me tue moi-même. Et prends-moi, ensevelis-moi au seuil de ta porte, afin que tes pieds me foulent quand tu vas et quand tu viens? »

Certes, on ne doit pas lire ces chants populaires comme on lit l'ode de Sapho, les chœurs de Sophocle, les poëmes anacréontiques, les épigrammes de l'Anthologie. La grammaire y trouverait beaucoup à reprendre, le goût aussi. Ces chansons, improvisées par des gens ne sachant, pour la plupart, ni lire, ni écrire, sont l'expression du génie national hellénique pendant quatre cents ans, alors qu'il n'y avait ni bibliothèques ni écoles dans toute la Morée et dans toute la Roumélie. Ce ne sont point des œuvres d'art. Ce sont les larmes, les sourires et les rugissements d'un peuple.

Mai 1874.

VIII

LES PROVINCES ROMAINES

ET LES PROCONSULS

I

Ce qu'étaient les provinces romaines sous la République, on le sait trop pour l'honneur de Rome. C'étaient les *prædia*, c'est-à-dire les propriétés, les domaines, les métairies du peuple romain. La cité tirait des provinces ses plus gros revenus; les provinces n'étaient bonnes qu'à fournir le plus d'argent possible pour la plus grande gloire de la République. Traitées en pays conquis, même après des siècles de domination, elles étaient toujours soumises, comme on dirait aujourd'hui, au régime de l'état de siège. « La liberté, a dit justement Montesquieu, était dans le centre, la tyrannie aux extrémités. » La dictature que les Romains redoutaient tant à Rome était dans les provinces à l'état permanent.

Le gouvernement des provinces était exercé par des proconsuls et des propréteurs qui, une fois sortis de Rome, où malgré leurs hautes fonctions ils n'étaient que de simples citoyens, se trouvaient investis du pouvoir le plus absolu qu'un homme eût jamais pu rêver. A Rome, la division des pouvoirs était admirablement entendue; il n'en était pas ainsi dans les provinces, où le proconsul, qui tenait ses pouvoirs du Sénat, était plus puissant que le Sénat ne l'était à Rome. Le proconsul réunissait, comme un despote oriental, la puissance délibérative, la puissance exécutive et la puissance judiciaire. Avec le commandement militaire, l'*imperium* lui donnait le droit de vie et de mort sans appel sur tous les habitants de la province qui n'étaient pas citoyens romains. Il avait l'autorité de faire des levées extraordinaires et d'ordonner des réquisitions de guerre dans toute l'étendue de son gouvernement. Pour le taux de l'argent, les obligations des provinciaux et leurs rapports avec les fermiers publics, l'édit qu'il avait rendu lui-même était sa seule loi.

Sauf quelques exceptions, cette puissance absolue n'était donnée aux proconsuls que pour une année. L'année révolue, ils devaient se démettre de leurs fonctions. Ce principe du renouvellement annuel des magistratures, excellent au point de vue politique, car c'était la garantie de la liberté, était détestable au point de vue administratif. Au moment même où les proconsuls commençaient à bien connaître la province qu'ils avaient mission de gouverner, à se rendre compte de ses besoins et de ses tendances, à avoir vu à l'œuvre leurs officiers et leurs employés subalternes, ils devaient revenir à Rome. L'expérience qu'ils avaient acquise ne profitait donc ni à eux, ni à l'État, ni aux provinces. Elle ne servait pas davantage à leurs successeurs, car l'expérience n'est point transmissible. De plus, les proconsuls n'ayant qu'une année pour s'enrichir tiraient de la province tout ce qu'ils pouvaient, quitte à la laisser épuisée à leurs successeurs. Tibère disait « qu'il faut tondre, mais non tuer les brebis ». Les proconsuls, auxquels les brebis n'appartenaient que pour un court espace de temps, trouvaient plus de profit à les saigner qu'à les tondre.

Les fonctions de proconsul étant gratuites, les provinces subvenaient à toutes les dépenses des gouverneurs. Elles leur payaient en outre des tributs considérables comme indemnité de leur absence de Rome. Enfin les consuls ne manquaient pas de se faire décerner des couronnes d'or pour des avantages insignifiants ou des victoires imaginaires. Dans les seules provinces de Grèce et d'Asie, de l'an 200 à l'an 188, les consuls reçurent six cent trente-trois couronnes d'or, du poids de douze livres. On peut se faire une idée des sommes énormes que des proconsuls iniques et rapaces comme Fulvius, Hostilius ou Verrès, retiraient de leur année de pouvoir, en songeant que Cicéron, dont l'administration fut équitable et désintéressée entre toutes, rapporta de Cilicie plus de deux millions de sesterces (440,000 fr.)! C'est pourquoi, dans cette République romaine où la moindre élection se chiffrait par des milliers de sesterces, on recherchait dans le proconsulat moins l'honneur de ces hautes fonctions et le service de l'État que l'argent. Le proconsulat n'était pas un but, mais un moyen. Un citoyen romain commençait par se ruiner pour être proconsul, certain d'acquérir alors une fortune plus grande qui lui permît de se ruiner une seconde fois pour obtenir dans Rome les suprêmes magistratures. Ainsi les ambitieux se ruinaient pour s'enrichir et pour se ruiner encore, et c'étaient les provinces qui payaient.

Mais les proconsuls n'étaient point les pires tyrans des provinces. Dans cette succession constante de gouverneurs, un bon succédait parfois à deux mauvais. Les publicains, eux, ne changeaient pas. Ils restaient toujours les mêmes, avides et impitoyables. Les publicains affermaient les impôts de chaque pro-

vince, et ils payaient d'avance entre les mains des
questeurs la somme qu'ils avaient consentie à l'ad-
judication. La fortune d'un seul homme n'eût pas
suffi à couvrir les enchères des baux de l'État.
Aussi les publicains formaient-ils des Sociétés pour
l'exploitation des provinces. Ils amenaient à leur
suite une tourbe d'usuriers qui prêtaient aux par-
ticuliers et aux municipalités, à des taux incroya-
bles. Bien des fois ces hommes n'agissaient que
comme prête-nom des publicains, et même des plus
illustres patriciens de Rome, qui ne dédaignaient
pas de faire rapporter à leur argent de six à douze
pour cent par mois. Publicains et patriciens s'entendaient à merveille. C'était le pillage organisé. « Les
provinces, dit Plutarque, étaient ravagées par les
traitants et les usuriers. Les habitants se voyaient
forcés de vendre leurs enfants; les villes, d'engager
les statues des dieux; les citoyens eux-mêmes
étaient parfois adjugés comme esclaves à leurs
créanciers. » Partout, en Grèce, en Sicile, en Espagne, en Asie, les proconsuls et les publicains agissaient ainsi. Les exactions et les cruautés de Marcellus
avaient laissé en Sicile un si terrible souvenir, que
les Syracusains, apprenant que le Sénat allait leur
envoyer ce proconsul une seconde fois, s'écrièrent :
« Que l'Etna nous ensevelisse plutôt sous sa lave ! »
Les habitants d'Abdère ayant osé réclamer auprès

du Sénat, en vertu de la loi Manilia, contre Hostilius qui avait exigé une contribution de cinquante mille boisseaux de blé et de cent mille deniers, le consul livra la ville au pillage. Le soulèvement des provinces orientales lors de la guerre de Mithridate n'eut pas d'autre cause que les odieuses exactions des Romains.

Le plus souvent les proconsuls et les publicains s'entendaient pour piller les provinces. Et d'ailleurs, quel que fût l'esprit de justice de certains gouverneurs, ils étaient, pour ainsi dire, désarmés à l'égard des publicains, citoyens romains, membres de l'ordre équestre, soutenus par les plus influents patriciens dont ils étaient les complices, et formant à Rome une puissante association. Les proconsuls ne pouvaient que s'abstenir de partager les bénéfices des traitants et fermer les yeux sur leurs méfaits. Cicéron lui-même, ce grand esprit et cette âme généreuse, ne disait-il pas : « Laisser faire les publicains, sans toutefois laisser périr les provinciaux, c'est le fait d'une vertu divine ».

II

Tous les proconsuls étaient-ils des Verrès, ne s'occupant de leur province que pour la piller? Étaient-ils tous iniques, cupides et dissolus comme Appius

Claudius? Méritaient-ils tous la généreuse colère de l'orateur Titius qui invectivait ainsi contre les propréteurs : « Les voici à leur tribunal, tout gorgés de vin, incapables d'entendre les parties ni les témoins, et disant au moment de rendre leur sentence : « Que m'importent ces gens ennuyeux? allons » plutôt boire du vin grec parfumé, en l'accompagnant » d'une volaille grasse ou d'un bon poisson! » Cicéron, par exemple, ne succéda-t-il pas à Appius Claudius dans le gouvernement de la Cilicie, et les bienfaits du nouveau consul n'effacèrent-ils pas les iniquités de son prédécesseur? Tout justement une savante étude de M. G. d'Hugues sur le proconsulat de Cicéron[1] est faite pour nous renseigner. L'érudit et ingénieux écrivain, voulant montrer les vices de l'administration romaine dans les provinces, n'a pas fait, comme on le pourrait croire, le tableau du proconsulat d'un Verrès ou d'un Appius Claudius. La tâche, parait-il, eût été trop aisée, les faits eussent trop facilement donné raison à l'auteur. M. d'Hugues, qui semble se complaire dans les difficultés, a voulu, pour que la démonstration fût plus éclatante, nous montrer à l'œuvre dans le gouvernement d'une province l'un des hommes les plus désintéressés, les plus justes et les meilleurs

---

1. *Une province romaine sous la République, étude sur le proconsulat de Cicéron.*

de toute l'antiquité. Il s'est flatté de prouver que
la bonne volonté, les idées généreuses, les principes
d'équité de l'auteur des *Devoirs* n'ont servi de rien
quand Cicéron s'est trouvé gouverneur de Cilicie,
et que ses grands principes et ses sentiments géné-
reux ont échoué devant les exigences de l'*imperium*,
devant la formule de la province, devant les pactes
des publicains, devant la politique traditionnelle du
Sénat à l'égard des peuples vaincus. *Ab uno disce
omnes*; si Cicéron, dont l'administration provinciale
fut un modèle de justice et de douceur, agit ainsi,
que firent donc ces proconsuls renommés pour leur
dureté, leurs rapines et leurs exactions! Dans tout
son livre, M. d'Hugues s'ingénie à mettre en contradiction les actes de Cicéron proconsul avec les
paroles de Cicéron philosophe ; il s'efforce de prouver que le gouvernement de Cicéron, fidèle, malgré
qu'il en eût, aux coutumes romaines, ne fut guère
plus profitable à la Cilicie que celui de tout autre
gouverneur.

Longtemps avant qu'il fût proconsul, Cicéron avait
flétri en plein tribunal les malversations et les violences des proconsuls dans ses magnifiques *Verrines*;
dans ses lettres, il avait mainte fois formulé ses
généreuses théories sur l'administration des provinces. « Entre les publicains et les alliés, écrivait-il
à son frère Quintus, il existe une grave opposition

d'intérêts, source d'injustices réciproques, de violences et de collisions. Mais toi qui as su résister à
tous les entraînements des passions, il ferait beau te
voir impuissant contre la cupidité d'un publicain ! »
Dans le livre *De Officiis*, Cicéron s'élève au-dessus
des idées de son temps; il reconnaît l'égalité des
castes et des races, il juge tout au point de vue absolu
de la morale et de la justice. Là, Cicéron est théoricien
du pouvoir. Voyons-le dans la pratique de ce pouvoir, lorsque, sorti du domaine de la spéculation
pure, il se sent étreint par les exigences brutales
des faits.

Gouverneur de Cilicie, le premier acte de Cicéron
— de Cicéron qui, avocat, avait fait condamner
Verrès — fut de faire absoudre un nouveau Verrès :
Appius Claudius. Cet Appius Claudius était le prédécesseur de Cicéron en Cilicie, et, selon les paroles
mêmes de l'auteur des *Verrines* dans une lettre à
Atticus, « il avait traité la province par le fer et
par le feu; il l'avait épuisée et saignée; à son départ,
elle était expirante ». Les Ciliciens intentèrent à
Rome une action contre ce proconsul. Pour se soustraire aux poursuites, Appius n'avait de recours
que dans le témoignage de son successeur. D'un
mot, Cicéron pouvait faire condamner l'odieux tyran
de la Cilicie. Ce mot, que l'amour de la justice lui
dictait, Cicéron ne voulut pas le dire. Il fut retenu

par l'intérêt de la cause républicaine. La condamnation d'un homme aussi considérable qu'Appius Claudius, allié à Brutus et à Pompée, eût été une tache pour le patriciat romain, une arme terrible aux mains des ennemis des vieilles institutions de l'État que déjà menaçait César.

Lorsqu'il s'était mis en route pour la Cilicie, Cicéron avait transcrit dans son édit cette clause, qu'il approuvait fort, de celui d'un de ses prédécesseurs, Bibulus : « J'observerai les conventions entre les publicains et les provinciaux lorsqu'il n'y aura eu ni violences ni fraudes employées pour les conclure. » On fit remarquer au nouveau proconsul que de telles expressions étaient de nature à porter atteinte à la considération des publicains, et Cicéron modifia ainsi l'article : « Je validerai les conventions, sauf celles qui auraient été faites de manière à ce qu'il fût impossible, équitablement, de les exécuter. » Cicéron avait souvent dit aussi qu'un proconsul ne devait, sous aucun prétexte, donner une préfecture à un trafiquant et cependant, à la simple demande de Brutus, le gouverneur de Cilicie nomma préfets deux de ces *negotiatores* qui lui inspiraient tant de mépris.

L'auteur du *Traité des devoirs* ne se fit pas faute non plus d'user de son crédit en faveur de ses amis. Brutus avait, sous un prête-nom, avancé aux Sala-

miniens une somme considérable, à 48 0/0 d'intérêts. Il réclama la dette avec les intérêts accumulés
depuis six années. Forts de la loi *Gabinia* qui frappait de nullité de telles obligations, les Salaminiens
offrirent de payer, mais au taux de 12 0/0, avec les
intérêts composés. Brutus n'eut pas honte de prier
Cicéron de contraindre par la force les Salaminiens
à remplir leurs engagements. Cicéron, d'ailleurs, n'y
consentit point. Mais les Salaminiens ayant proposé
de déposer dans un temple le capital de la dette,
ce qui eût arrêté le cours des intérêts, le proconsul,
sur de nouvelles instances de Brutus, obtint de ses
administrés qu'ils ne déposassent pas l'argent.
C'était tout ce que demandait Brutus, car il espérait
que le successeur de Cicéron serait encore plus
complaisant que celui-ci. En laissant l'affaire pendante, Cicéron n'avait strictement à s'accuser de
rien; mais, en réalité, laisser l'affaire pendante, c'était
donner dans l'avenir gain de cause à Brutus.

Tout cela n'est peut-être pas digne d'un Caton;
il faudrait toutefois faire valoir des actes plus graves
pour être en droit de condamner l'administration
de Cicéron. Si M. d'Hugues s'efforce de mettre en
lumière les moindres fautes de Cicéron et d'interpréter au désavantage du consul de Cilicie des faits
restés obscurs jusqu'à présent, il ne dit pas assez
que l'administration de Cicéron fut très douce à la

province. Sans doute, ce grand homme eut des faiblesses pour ses amis, mais ces faiblesses nuisirent peu aux provinciaux. Comme il l'avait dit lui-même, Cicéron tenta de sauvegarder à la fois l'intérêt de l'État et l'intérêt de la province. Contrairement à l'usage, aucune réquisition ne fut faite en Cilicie, durant son proconsulat, pour l'entretien et le logement des troupes. Souvent Cicéron fit rendre gorge aux traitants. Toute étiquette, tout cérémonial étaient exclus de sa demeure; chacun pouvait le voir et lui parler librement. Dans un moment de disette, il sut mettre obstacle aux projets des accapareurs, dont quelques-uns cependant étaient des citoyens romains. Il autorisa les Ciliciens à choisir leurs juges parmi eux et à régler leurs différends selon les anciennes lois nationales. De l'argent qui lui avait été alloué par le Sénat pour frais d'installation et de voyages, il fit des dons à ses amis et rendit le surplus, qui s'élevait à un million de sesterces, au trésor public. Après la prise de la ville de Pindenissum, il avait tiré de la vente des esclaves une somme de douze millions de sesterces. Rien n'en fut distrait; le tout fut versé entre les mains des questeurs de Rome. Dans son beau livre sur Cicéron [1], cette vivante étude de la société

____

1. *Cicéron, sa famille et ses amis.*

romaine, M. Gaston Boissier a montré combien Rome et la province eurent à se louer du proconsulat de l'auteur des *Devoirs*. Il a rappelé sa campagne contre les Parthes qui fut glorieuse, et son administration qui fut si juste et si bienveillante, que les Ciliciens reconnaissants voulurent ériger des statues et élever des arcs de triomphe au grand homme. Si les provinces n'avaient jamais eu pour gouverneurs que des Cicérons, elles n'auraient point salué, — en supposant toutefois qu'elles l'aient fait, — la chute de la République comme une délivrance.

Le sujet qu'il a choisi a quelque peu trahi M. d'Hugues. Qui veut trop prouver ne prouve rien. C'étaient les misères et les hontes des provinces sous Verrès et sous Appius Claudius, qu'il fallait invoquer contre les grandeurs de la République romaine, et non la trop courte année de sécurité et de calme que Cicéron a donnée à la Cilicie. Les provinces, il ne faut pas l'oublier, étaient pays conquis. Sans cesse étaient à craindre des rébellions contre les agents du fisc, même des révoltes contre les troupes d'occupation. La République avait donc sagement agi en armant le consul d'un pouvoir discrétionnaire. L'exemple de Cicéron est la meilleure preuve que tous n'abusaient pas de ce pouvoir. On pourra dire que Cicéron était l'exception. On est en droit de se demander si Verrès, lui aussi, n'était pas l'exception.

III

Tacite dit, au commencement des *Annales* : « Les provinces acceptaient sans peine ce nouvel ordre de choses : *Neque provinciæ illum rerum statum abnuebant.* » Cela veut-il dire, comme se plaisent à le répéter, avec Montesquieu, plusieurs historiens contemporains, que les provinces poussèrent un cri de joie à la chute de l'Empire? En admettant même qu'il en fût ainsi, faut-il mettre à l'actif des Césars les espérances qu'ils inspiraient aux provinces avant qu'on ne les eût vus à l'œuvre? Il est tout naturel que des peuples opprimés par un gouvernement se réjouissent de l'avénement d'un autre gouvernement. Dans ce changement, ils n'ont rien à perdre et ils ont tout à gagner. Ce qu'il importe de savoir, c'est si l'Empire justifia les espérances toutes naturelles des provinces. Or nous croyons qu'on s'aperçut bientôt que si la liberté était morte à Rome, elle n'était pas plus vivante pour cela dans les provinces. Là, on n'avait fait que changer de tyrannie.

L'Empire, il est vrai, modifia quelque peu, sinon la constitution des provinces, du moins la condition des gouverneurs. Ils furent pourvus d'un traitement fixe, et quelques-uns conservèrent plusieurs années leur commandement. Mais, fût-on César, on ne peut d'un trait de plume changer la nature des hommes comme on change les institutions. Les concussions, les exactions, les abus de pouvoir ne furent guère moins communs chez les gouverneurs impériaux que parmi les proconsuls de la République. Des révoltes des provinces, qui furent nombreuses sous l'Empire, la plupart eurent leur cause dans les exactions des gouverneurs ou dans l'exagération des tributs exigés par les Empereurs. C'est ainsi que les Pannoniens, les Belges, les Frisons, les Bataves, les Juifs se révoltèrent tour à tour. On cite sous Tibère les procès en concussion ou en abus de pouvoir des gouverneurs Cæsius Cordius, Silanus, Lucilius Capito et Silius; sous Claude, ceux de Cadius Rufus, préteur de Bythinie, et de Taurus, proconsul d'Afrique; sous Néron, ceux de Vipsanius Lenas, gouverneur de Sardaigne, de Cestius Proculus, qui avait exercé le pouvoir proconsulaire dans deux provinces, de Clodius Quirinalis, qui avait déshonoré son commandement par ses débauches et ses cruautés, de Sulpicius Camerinus et de Pomponius Sylvanus, tous deux anciens proconsuls d'Afrique, de Vibius, accusé par les Maures, et de Priscus, proconsul de Bythinie. Et combien d'autres gouverneurs coupables qui ne passèrent pas en justice! Entre autres

11.

ce Florus, gouverneur de la Judée, dont les rapines et les cruautés suscitèrent la grande révolte des Juifs de l'an 65, qu'il fallut cinq années pour étouffer et où périrent plus de douze cent mille individus. Nous le reconnaissons, les gouverneurs coupables furent plus souvent poursuivis et condamnés sous l'Empire qu'ils ne l'avaient été sous la République. Mais les provinces ne gagnaient pas beaucoup à cela, car celui qui remplaçait le proconsul condamné ne valait souvent pas mieux que son prédécesseur.

Pour les Césars, c'étaient leur cupidité et leur politique ombrageuse, plus que l'amour de la justice, qui leur dictaient cette sévérité à l'égard des gouverneurs. Les consuls s'étaient enrichis par leurs rapines et leurs exactions. La condamnation entraînait la confiscation des biens au profit de l'empereur. Tout coupable devait donc être condamné. C'étaient les petits profits de la cassette impériale. De plus, les gouverneurs appartenaient pour la plupart à l'ordre sénatorial, et Tibère, comme plus tard Louis XI, tint toujours la hache suspendue sur la tête de l'aristocratie. Les innocents n'y échappaient point ; pourquoi eût-on été indulgent pour les coupables ?

Ce ne fut en réalité que sous les princes espagnols et syriens, provinciaux eux-mêmes, que de véritables avantages furent faits aux Provinciaux. Encore, si

on leur accorda à tous le titre de citoyen romain,
ce fut pour les soumettre à la loi romaine qui obligeait de payer un droit de vingt pour cent sur les
héritages. Il faut dire d'ailleurs qu'accoutumés depuis
cinq siècles à la servitude, les provinciaux étaient
devenus plus soumis, et qu'ainsi les gouverneurs ne
pouvaient plus légitimer aussi facilement leurs abus
de pouvoir.

On invoque souvent en l'honneur des Césars des
inscriptions qui célèbrent l'âge d'or des provinces
sous l'empire. Il faut, croyons-nous, se défier un
peu des témoignages de l'épigraphie [1]. Les inscriptions romaines, c'était le *Journal officiel* des
Césars. On n'y disait que ce qu'on avait intérêt à
dire. Ne connaît-on pas cette fameuse inscription
qui, gravée en 261, au temps des trente tyrans,

---

1. Nous voulons parler des inscriptions votives et tumu-
laires, de celles des statues, des arcs de triomphe, des tombeaux. Il ne saurait être question en effet, des grands monuments épigraphiques comme les *Tables de Malaga* et les
Bronzes d'Osuna. Mais c'est en vain que, pour prouver l'amé-
lioration du sort des Provinciaux sous les Empereurs, on
voudrait se servir de ces bronzes d'Osuna, dont le monde
savant doit à M. Charles Giraud l'excellente recension et le
lumineux commentaire. Les bronzes, fragments de la loi or
ganique donnée par Jules César à une colonie d'Espagne,
traitent bien de l'organisation des pouvoirs publics de cette
colonie, mais nullement des rapports des magistrats munici-
paux avec le gouverneur de la Province, ni des rapports de
la colonie avec la métropole. De plus, Orson (*Genetiva Julia*)
colonie romaine, avait des lois spéciales. On faisait aux co-
lons mille avantages qu'on refusait aux Provinciaux.

alors que le monde romain était mis à feu et à sang par vingt armées, ayant chacune un empereur pour chef, porte ces mots : *Pax ubique*, la paix partout!

On aura beau accumuler les documents, torturer les textes, rétablir les inscriptions, pour démontrer historiquement la vérité de ce mot fameux de Montesquieu : « Les provinces regardèrent la perte de la liberté de Rome comme l'époque de l'établissement de la leur; » on n'y réussira pas. L'auteur de *l'Esprit des lois* a souvent grand intérêt à être cru sur parole. Plus on étudiera de près cette question des provinces romaines, et plus l'opinion de Montesquieu en sera affaiblie. Oui, Rome fut sans équité et sans pitié pour les peuples conquis. Non, la verge de fer de l'*imperium* provincial ne devint pas sous les Césars une main de justice.

Mars 1877.

IX

LE PROCÈS DES CÉSARS

AUGUSTE, TIBÈRE ET NÉRON

L'histoire ne sera-t-elle donc jamais faite puisqu'on la refait sans cesse? Les héros fameux et les scélérats illustres ne sont pas plus certains de conserver leur figure historique que les hôtes royaux de la nécropole de Saint-Denis n'étaient assurés, au siècle passé, de dormir en paix leur dernier sommeil. On estime que l'histoire n'a pas jugé en dernier ressort, et on appelle de son jugement. Est-ce toujours un sentiment de justice qui inspire ces tentatives de réhabilitation, qui motive ces procès au criminel? On en peut douter, car l'impartialité ne semble plus être aujourd'hui considérée comme la première condition de l'histoire. L'historien devient un sectaire ou un dilettante, qui écrit par passion politique ou par amour du paradoxe. Mais, juste retour des choses, la passion appelle la passion, et le paradoxe enfante le paradoxe. Presque au même jour, voici MM. Latour Saint-Ybars, et E. Beulé[1] qui tentent le premier d'arracher aux gémonies le cadavre de Néron pour le déposer au Panthéon, le second de précipiter de son piédestal la statue d'Auguste pour élever à sa place celle de Tibère tombée dans la fange de Caprée. La morale politique ne gagne pas grand'chose à ce chassé-croisé de Césars, qui tourne, en revanche, à la déconsidération de l'histoire et à la confusion de la vérité.

<h1 style="text-align:center">I</h1>

O magique puissance de la poésie, serait-ce donc seulement parce que Virgile a écrit ces fameux vers : « C'est un Dieu qui nous a donné ce repos, car il sera toujours un Dieu pour moi, »

> *... Deus nobis hæc otia fecit;*
> *Namque erit ille mihi semper Deus.....*

qu'Auguste a été sacré aux yeux de la postérité? Serait-ce donc seulement parce que le triumvir

---

1. *Néron, sa vie et son époque*, par Latour-Saint-Ybars, 1 vol. — *Auguste et sa famille, Tibère et l'héritage d'Auguste*, par E. Beulé, 2 vol.

Octave a laissé à Tityre Maro son humble domaine, parce que l'empereur Auguste a pardonné à Cinna, parce que le second César a été divinisé par Virgile, loué par Horace et célébré par Corneille, qu'Octave-César-Auguste est resté le prototype du grand souverain, le père de la patrie, bienfaiteur et clément, le Dieu du pouvoir? On a oublié les proscriptions du Triumvirat, le meurtre de Cicéron, les massacres de Pérouse, la politique fourbe et hypocrite d'Octave; et Auguste apparaît toujours aux générations éblouies comme le « *pater atque princeps* » de la deuxième ode d'Horace, comme le « jeune homme pour qui, deux six fois chaque année, les autels fument[1] », de la première églogue de Virgile. La reconnaissance des peuples et l'admiration des écrivains se rencontrent pour comparer à Auguste les grands pasteurs des nations. Le nom d'Auguste demeure titre comme à son origine, et on grave cette qualification glorieuse sur les médailles des empereurs romains, des rois mérovingiens, des empereurs de Byzance, et jusque sur les monnaies du tzar Pierre.

N'y a-t-il donc là qu'une immense duperie dont est victime la postérité? M. Beulé le croit, ou du moins veut le faire croire. A l'entendre, Auguste

1.   *Hic illum vidi juvenem, Melibœe, quotannis*
       Bis senos cui nostra dies altaria fumant.

n'est que le plus habile des ambitieux et des hypo-
crites. Trompant tour à tour Cicéron, le peuple et le
Sénat, trahissant successivement tous les partis, ac-
caparant peu à peu tous les pouvoirs, feignant sans
cesse d'abdiquer l'autorité, il régna en souverain
absolu sous les formes républicaines. Cruel tant que
la sévérité impassible servit à son élévation, il lui
sembla d'une politique habile de se montrer clément quand il sentit son pouvoir appuyé sur
quatre cent mille légionnaires, et sur l'amour et la
reconnaissance d'un peuple énervé, à qui il prodi-
guait les spectacles et les distributions de grains,
Si Auguste vengea César, ce fut pour prendre la
place de son père adoptif; s'il termina la guerre
civile, ce ne fut pas pour donner le repos au
peuple du Quirinal, mais pour lui arracher sa
liberté, et pour arriver au principat, à la maî-
trise du Sénat, au consulat à vie, à la préfecture
des mœurs, au grand pontificat. Administrateur,
Auguste a réglé, ordonné, développé les institutions, qu'avaient créées trois glorieux siècles de
république. Protecteur des arts, Auguste a eu
Agrippa, qui accepta l'humble charge de l'édilité.
C'est à Agrippa que la Rome impériale dut ses
quatre-vingt-quinze temples, ses sept cents fontaines, dont cent cinquante jaillissantes, ses thermes, ses aqueducs, construits avec le butin de la

guerre, l'argent des proscriptions, les impôts tyranniques. Protecteur des lettres, Auguste a eu Mécène. C'est à Mécène que Virgile, Horace, Properce et tant d'autres poètes durent ces bienfaits qui ont moins profité à ceux qui les recevaient qu'à celui qui les donnait. Homme de guerre, Auguste a eu Antoine, qui vainquit Cassius et Brutus; Agrippa, qui assiégea Pérouse, qui pacifia les Gaules et l'Illyrie, qui battit Sextus Pompeius sur terre et sur mer, qui triompha définitivement d'Antoine, enfin qui réprima les révoltes de la Judée, du Pont et de la Panonie. Homme politique, Auguste a eu Mécène et Livie : Mécène, l'habile diplomate, Mécène employé dans toutes les missions difficiles, Mécène qui rompit le mariage projeté de Sextus Pompée et d'Antoine, et réussit à faire donner au triumvir la main de Scribonia, Mécène qui négocia la réconciliation entre Sextus et Antoine, Mécène qui obtint des légions et des galères d'Antoine lors de la guerre contre Sextus ; Livie qui suggéra à Octave la ruse et la paix avec Antoine, Livie qui maria la sœur d'Octave à Antoine pour lui donner confiance et gagner du temps, Livie qui fiança la fille d'Octave, âgée de deux ans, avec le fils d'Antoine, Antyllus, qui n'avait pas dix ans, Livie qui exhorta Auguste à pardonner à Cinna, Livie qui fut pour l'empereur presque « un conseil d'État ».

Ainsi, non-seulement Octave triumvir mérite l'indignation et la haine de la postérité, mais Auguste empereur n'est pas même digne de la louange des générations. Auguste n'a rien fait, il n'a que laissé faire. Sous son règne c'est Agrippa qui remporte les victoires, qui apaise les révoltes et les séditions, qui trace les routes dans les provinces et qui construit les édifices à Rome; c'est Mécène qui négocie les traités et les alliances, qui rassemble et protège les poètes; c'est Livie qui est le conseiller suprême d'Auguste, qui transforme sa nature perverse, qui lui suggère l'hypocrisie et l'astuce, comme les seuls moyens d'arriver au principat.

Ce procédé de critique historique est facile à voir et sans mérite à dénoncer. Il a déjà servi et il servira encore. Il est d'autant plus avantageux qu'il est à deux fins : on peut l'employer pour l'attaque et pour la défense. De même que, dans son *Néron*, M. Latour Saint-Ybars rejette tous les crimes du fils d'Agrippine sur ses créatures, Agrippine, Sénèque, Burrhus, Tigellin ; de même, dans son *Auguste*, M. Beulé attribue toutes les grandes actions du neveu de César à ses créatures, Agrippa, Mécène, Livie. Mais, par la raison même qu'on ne doit pas admettre ces trop faciles excuses des crimes de Néron, on ne doit pas admettre non plus ces atténuations des grands actes d'Auguste. A part Périclès, Alexandre,

César, Charlemagne, Pierre Ier et Napoléon, qui ont agi eux-mêmes, édifié eux-mêmes, combattu eux-mêmes, réformé eux-mêmes les mœurs, les lois, la politique, l'administration, les souverains ont toujours gouverné leurs peuples par des ministres, les souverains ont toujours vaincu leurs ennemis par des généraux. Un chef d'État est comme un chef d'armée. On ne demandera pas à celui-ci d'être le fantassin qui tire, le cavalier qui sabre, l'artilleur qui canonne, le sapeur qui mine, ni même de commander directement à tous ces hommes. Et, cependant, c'est au chef d'armée que reviendra l'honneur de la victoire. Il suffira pour cela qu'il y ait été présent, qu'il ait préparé et ordonné les opérations, quand même il n'aurait fait souvent que suivre l'avis de son chef d'état-major. Un homme sans initiative, sans énergie, sans instincts créateurs, absolument incapable s'il était placé dans une position obscure, peut sur le trône donner son nom à un grand siècle, pourvu qu'il ait un jugement sûr et une obstination sans bornes à faire prévaloir son opinion. Qu'il s'entoure des génies de son temps dans la politique, dans la diplomatie, dans l'administration, dans la guerre; qu'il sache distinguer les grands projets des folles utopies, qu'il ne sanctionne que les lois et les décrets qui lui paraissent justes ; alors il formera un conseil de plusieurs, une oligarchie d'hommes de génie, un véritable gouvernement républicain. Ses ministres seront comme les éphores de Sparte, comme les Cinq-Cents d'Athènes, comme les sénateurs de Rome : ils seront libres, quoique obéissant au souverain, car le souverain représentera pour eux la raison humaine, ce maître que les grandes républiques ont toujours plus ou moins reconnu.

Qu'importe qu'Auguste n'ait pas agi lui-même, — ce qui d'ailleurs est fort discutable, — puisqu'il s'est entouré de grands hommes qui ont fait l'éclat de son siècle ! Que les institutions et les grandeurs du règne d'Auguste viennent de lui ou de ses ministres, son nom y est attaché : les générations reconnaissantes l'en glorifient.

II

La postérité rend des jugements définitifs. On ne peut guère en appeler. La justice des âges a absous Auguste, qui s'est élevé par le sang ; elle a condamné Tibère, qui est tombé par le sang. Les paradoxes les plus ingénieux et les mieux soutenus ne casseront pas son arrêt. Ce n'est point que M. Beulé dans son étude sur Tibère veuille réhabiliter complétement le successeur d'Auguste, à la façon de Montesquieu, qui comparait, dans un fragment il est vrai, Tibère à Louis XI, et terminait le parallèle tout à l'avantage du Romain. Mais il soutient cette thèse attrayante : « La fatalité qui pèse sur les héros de la tragédie grecque antique a pesé tous les jours plus lourdement sur Tibère : cette fatalité c'est l'*héritage d'Auguste!* » Après avoir émis ce théorème des dangers du pouvoir absolu pour ceux-là mêmes qui ont créé le pouvoir absolu, l'historien en fait une démonstration plus éloquente que convaincante. Il évoque Tibère enfant et vieillard, adulte et homme ; il le peint exilé et triomphant, commandant les armées et courbé sous le joug d'Auguste, consul et empereur, sévère justicier après son avénement, tyran insensé et féroce avant sa mort. Il le suit en Espagne et en Germanie, à Rhodes et en Pannonie, au Forum et sur le Palatin, dans les jardins de Mécène et dans les grottes de l'île de Caprée. Et en tout lieu, en tout temps, en toute occasion, il montre Tibère victime de son pouvoir.

On doit combattre les doctrines de M. Beulé par les armes mêmes que fournit son livre : « Je suppose, dit-il, que, étant donné le pouvoir absolu, pour mesurer les effets qu'il produit sur un homme, vous choisissiez un prince bien doué par la nature, d'une intelligence étendue, ferme, cultivée, issu d'une grande race, admirablement constitué

d'esprit et de corps, d'un caractère froid et d'une
santé inaltérable, soldat courageux, bon général,
administrateur capable, bien entouré, soutenu par
les conseils de la mère la plus habile et la plus
rusée, favorisé souvent par la fortune, poussé sans
effort vers les grandeurs, placé d'abord tout près du
pouvoir absolu, y touchant, y renonçant, le repre-
nant dans son âge mûr et finissant, à cinquante-six
ans, par dominer seul le monde; si cet homme s'al-
tère graduellement, s'affaisse, se transforme, au point
de devenir un jour l'exécration de l'humanité;
l'exemple sera décisif, la démonstration suivie, dé-
veloppée, parfaite. » Oui, la démonstration est parfaite, mais pour cela l'exemple n'est pas décisif. Car,
à l'exemple de Tibère, il est aisé d'opposer l'exemple
bien différent de son prédécesseur Auguste. Si, en
effet, Tibère s'est, par l'exercice du pouvoir absolu,
graduellement altéré et transformé au point de
devenir l'exécration du genre humain, comment se
fait-il qu'Octave, par l'exercice de ce même pouvoir
absolu, se soit graduellement amélioré et transformé au point de devenir le père de la patrie, le modèle des souverains? Le pouvoir absolu est-il donc
comme cette source enchantée des contes persans qui
donne la bonté éternelle ou la maladie incurable,
selon qu'on s'y baigne au lever ou au coucher du
soleil?

D'ailleurs Tibère, avant son avénement, était-il l'homme accompli que prétend la démonstration? L'histoire le nie. Que Tibère fût d'une intelligence étendue, admirablement constitué d'esprit et de corps, courageux et bon général, nous l'admettons; mais ces qualités n'impliquent point sa valeur morale, ni sa capacité essentielle au gouvernement du monde. Il était issu d'une grande race, de la *gens Claudia*; mais la famille des Claudes a eu son bon et son mauvais génie. Le bon génie inspira Appius Claudius Cæcus qui releva le courage des Romains battus par Pyrrhus, Claudius Caudex qui chassa les Carthaginois de Sicile, Claudius Nero qui défit Asdrubal. Le mauvais génie conseilla Claudius Appius Regillanus, le farouche décemvir qui causa une rupture entre le sénat et le peuple, Claudius Drusus qui voulut asservir l'Italie à la tête de ses clients armés, le sacrilége Appius Pulcher qui perdit sa flotte à Drepane, P. Clodius qui brigua le tribunat, fit exiler Cicéron et ensanglanta les rues de Rome. Donc Tibère, qui semble au pouvoir du mauvais génie de sa famille, eût pu imiter, même au temps de la République, aussi bien ses aïeux Drusus, Appius Pulcher et P. Clodius que ses aïeux Appius Cæcus, Appius Caudex et Claudius Nero. Tibère fut-il un administrateur habile? Il est aisé de prouver le contraire, en montrant que toutes les réformes, toutes les innovations de son règne, la suppression des comices, l'extension de la loi de lèse-majesté de l'ordre religieux à l'ordre politique, le système de délation, le salaire affecté aux magistratures, l'établissement du camp prétorien aux portes de Rome sont dus à Livie et à Séjan, — à Livie surtout, cette Catherine de Médicis romaine bien supérieure à la Florentine, qui eut une action immense sur Auguste et sur Tibère, fondateurs de l'empire et, de là, sur toute l'ère impériale. Livie est le génie édificateur du principe césarien, la furie destructive des institutions et des libertés républicaines.

Si Tibère a montré quelques qualités dans la première partie de sa vie, c'est retenu par la crainte d'Auguste et de Livie; dès qu'il s'est senti libre, il a donné carrière à ses vices longtemps contenus. Et la liberté ne vint pour lui qu'à la fin de sa vie. Quand il succéda à Auguste, il ne fit que changer de maître. Ce ne fut plus le *durum servitium Augusti* qu'il subit, mais la domination active de Livie, le honteux ascendant de Séjan. Tibère ne fut libre et ne gouverna par lui-même qu'après la mort de sa mère et après le châtiment de son astucieux favori. Mais les dernières années de son règne, les plus sanglantes et les plus honteuses, appartiennent à Tibère. Les crimes insensés et les immondes débauches de Caprée sont bien à lui ; nul autre n'y a sa part.

Or cet homme envieux, lâche, hypocrite, indécis, bassement luxurieux, sans force comme sans vertu; morales ; ce chien servile d'Auguste qui souffrit patiemment, humblement, les débauches de sa femme, les duretés de l'empereur, l'injuste exil de Rhodes, et qui mit son bras de général au service du souverain qui le déshonorait par Julie, qui le rudoyait, et qui le haïssait ; ce tyran craintif et inhumain, qui contint sa férocité et ses passions natives tant qu'il sentit le joug de Livie et de Séjan, et qui, eux morts, se précipita dans un fangeux abîme de crimes et de débauches, abandonnant le gouvernement, laissant le Sénat à moitié vide, les légions sans tribuns, les provinces sans gouverneurs, l'Arménie sans défense contre les Parthes, la Mésie sans défense contre les Daces, les Gaules sans défense contre les Germains ; ce raffiné féroce, qui faisait violer les vierges par le bourreau avant leur mort, et qui s'écriait, quand un prisonnier s'était suicidé pour ne pas souffrir les savantes tortures de l'empereur : « Carvilius m'a échappé, *Carvilius me evasit* » ; cet homme justifie-t-il cette appréciation de M. Beulé : « Tibère n'était pas un monstre; Tibère était un homme comme nous, mieux doué que nous. » Les grands criminels peuvent s'absoudre trop facilement par ce grand mot de fatalité, qui s'évanouit pourtant si vite devant cet autre mot : libre arbitre. En lisant la conclusion du *Tibère*, on pense aux deux fils de Vespasien, Titus et Domitien, qui, vivant à la même époque, élevés par les mêmes maîtres, tous deux héritiers directs du trône et régnant sur le même peuple, ont mérité deux titres bien différents : Titus a été surnommé « les délices du genre humain »; Domitien « l'exécration et la honte de l'humanité ». Ce n'est pas l'héritage d'Auguste qui a fait de Tibère un tyran odieux; c'est sa nature basse, envieuse et cruelle. Il est peut-être bien naïf, en ce temps de philosophie historique et de doctrines fatalistes ou providentielles, de chercher dans la nature même de Tibère les causes de son despotisme sanglant; cependant c'est l'avis de Tacite qui dit : « Enfin, il se précipita à la fois dans le crime et dans l'infamie, quand, toute honte et toute crainte repoussées, il se servit seulement de sa nature : *Postremo in scelera simul ac dedecora prorupit, postquam remoto pudore et metu, suo tantum ingenio utebatur* [1]. » Mais Tacite ne songeait pas au fatalisme historique.

1. *Annal.* liv. VI (*in fine*). — Qu'on remarque la force et le mépris de l'expression *utebatur*. A Rome, Tibère *se servait* de Livie, de Séjan; à Caprée, il ne *se servait* plus que de lui-même, de sa nature, de ses instincts. — La nature cruelle de Tibère est aussi indiquée par Suétone (*in Tiberio*, LVII) : *Sæva ac lenta natura ne in puero quidem latuit, quam Theodorus Gadareus, rhetoricæ præceptor, et prospexisse primus sa-*

III

La vie de Néron, racontée par Tacite, qui s'est
surpassé dans les derniers livres des *Annales*, ou
par Suétone, qui a presque égalé Tacite dans le dramatique récit de la mort du césar, donne l'envie de lire
les idylles de Théocrite et même les Bergeries de
madame Deshoulières. A chaque page, le sang
versé vous étouffe; on voit rouge; on respire une
odeur âcre. On se rappelle le mot de Lamennais:
« L'histoire est le long procès-verbal du supplice de
l'humanité. »

Pour excuser les crimes de cet histrion couronné,
les historiens qui, depuis Diderot jusqu'à M. Latour
Saint-Ybars, ont plus ou moins tenté le panégyrique
de Néron, se servent toujours des mêmes procédés.
D'abord ils ne manquent pas d'invoquer le so-
phisme attribué à Platon : « Les crimes remarquables
par la hardiesse et l'atrocité ne sont pas commis par
des hommes médiocres; ils viennent d'une âme forte
et généreuse corrompue par l'éducation. » Ils allè-
guent le bon naturel du fils d'Agrippine vicié par une

gaciter, et assimilasse aptissime visus est, subinde in objurgando
appellans eum πολόν αἵματι πεφυρμένον. « De la boue pétrie
de sang », c'est ainsi qu'un de ses professeurs appelait l'ibère
enfant.

détestable éducation ; ils montrent le fatal étourdissement du pouvoir absolu ; ils invoquent la raison d'État, cette divinité implacable qui voulait alors des victimes par hécatombes ; ils rejettent les crimes de Néron sur ses conseillers, de même que les détracteurs d'Auguste attribuent à ses ministres les grands actes de son règne ; ils rappellent que la fatalité pèse sur sa vie et qu'il est condamné au crime avant sa naissance par ces paroles de son père Domitius Ælhnobarbus : « D'Agrippine et de moi, il ne peut naître qu'un monstre ».

Néron a accompli la prophétie d'Ælhnobarbus, mais celui-ci était, après tout, mal fondé à la faire, car si Agrippine, fille de Germanicus, était Agrippine, il n'y avait pas de raison pour que le fils d'Agrippine fût Néron. Puisque la vertu avait engendré le crime, pourquoi le crime n'eût-il pas engendré la vertu ? Quant à l'éducation de Néron, fut-elle aussi mauvaise qu'on se plaît à le dire ? Jusqu'à l'âge de dix ans, en effet, alors que dépossédé de l'héritage de son père par Caligula, il vivait chez sa tante Lepida, Néron n'eut pour maîtres qu'un barbier et un danseur. Ce furent ces deux singuliers pédagogues qui l'initièrent à la vie des tavernes et aux plaisirs du cirque. Ses impressions d'enfance se gravèrent profondément dans son âme. Les goûts du fils de l'exilée Agrippine, l'empereur Néron les conservera.

La table et le cirque resteront ses plus grandes joies, le triomphe scénique sa suprême ambition. Mais cette éducation de hasard finit au mariage d'Agrippine avec Claude. A onze ans, Néron eut un nouveau maître ; et ce maître était Sénèque. En était-il un autre plus digne de former un futur César, et est-on en droit de dire que l'éducation d'un enfant, qui dès l'âge de onze ans eut un tel maître, fut une éducation négligée et funeste? Le savoir de Néron prouverait d'ailleurs le contraire. Il était fort instruit et aimait les arts et les lettres. Il peignait et il faisait des vers. Dès qu'il eut dépouillé la robe prétexte, à quinze ans, il plaida publiquement en latin pour les Bolonais et en grec pour les habitants de Rhodes et de Troie.

A en croire une tradition, les Romains regrettèrent Néron et se rappelèrent longtemps comme une ère de justice, de tranquillité et de grandeur les cinq premières années qu'il régna. Le quinquennat de Néron, *quinquennium Neronis*, disaient-ils. Cette tradition n'est pas à l'honneur des Romains. Que le nouvel empereur ait promis de prendre Auguste pour modèle, qu'il ait diminué quelques impôts, qu'il ait édicté des lois somptuaires, qu'il ait secouru de son argent des sénateurs pauvres, qu'il ait eu le projet de grands travaux dans la ville, qu'enfin il ait signé une sentence de mort en disant : « Je voudrais ne pas savoir écrire, *vellem nescire litteras!* » on ne saurait le nier sans mauvaise foi. Mais il ne faut pas oublier pour cela que le premier acte de son règne avait été la mort de Silanus, coupable d'être parent de Claude, que ce fut moins de dix mois après son avénement qu'il fit, devant ses yeux, empoisonner Britannicus, le frère de sa femme, le fils de son père adoptif, le beau-fils de sa mère, le compagnon de ses jeux et de ses travaux d'enfant, enfin que les cinq premières années de son règne ne s'étaient pas écoulées, qu'il avait fait tuer sa mère, Agrippine. Ces cinq années de justice commencent par le meurtre et finissent par le parricide. Voilà le glorieux quinquennat de Néron!

L'assassinat d'Agrippine n'est pas le premier pas de Néron dans la voie des crimes, mais c'est le plus décisif, comme c'est le plus odieux. Du jour du drame de Baïa, Néron ne reconnaît plus aucune loi, n'obéit plus à aucun sentiment humain. Il semble qu'épouvanté de ce hideux forfait, il veuille en effacer le souvenir par de nouveaux crimes, et le perdre dans la masse. Il lave sa main parricide dans une mer de sang. Alors commence la sinistre épopée néronienne : je tue, donc je règne. Quatre cents esclaves innocents sont exécutés dans la même journée, Burrhus est empoisonné, Sylla et Plautus sont égorgés, la malheureuse Octavie, répudiée et accusée faussement d'adultère, est étouffée dans un bain chaud, des masses de chrétiens sont livrés aux bêtes, trois mille martyrs, enveloppés dans des toiles bitu-minées, servent à éclairer le stade de Néron, la comédienne Épicharis expire dans les tortures, La-teranus est décapité, Pison et Sénèque se font ouvrir les veines, Subrius, Sulpicius, Asper, Quintianus, Scevinus et Sénecion sont décollés, le poëte Lucain et le consul Vestinus se saignent aux quatre membres, Poppea est tuée d'un coup de pied, — deux crimes en un seul : elle était enceinte, — Silanus est assas-siné, Anterrius se suicide, Ostorius se poignarde, Cerialis, Crispinus et Mella sont noyés ou empoi-sonnés, Thraseas et Pétrone meurent dans le bain, les veines ouvertes, Antonius est condamné, Paul est décapité, Pierre est crucifié, Corbulon se passe son épée de soldat à travers le corps, les deux Scri-bonius meurent ensemble, Crassus est assassiné, en-fin Néron lui-même, Néron, trahi, proscrit, traqué comme un fauve, Néron harassé de fatigue, privé d'eau et de nourriture, Néron sans courage devant la mort, demandant, lui qui avait vu mourir sous ses yeux tant de gens assassinés par ses ordres, que quelqu'un se tuât le premier pour lui donner l'exemple, Néron se perce de son poignard avec l'aide de l'affranchi Epaphrodite.

Néron méritait une mort plus horrible que ce suicide forcé; il devait souffrir les hontes et les tortures du *supplice des anciens*, édicté contre lui par le sénat de Galba. Mais sa mort ne démentit pas sa vie. Il mourut comme il avait vécu, sans courage, sans volonté. Néron, il faut le reconnaître, et il n'est guère moins haïssable pour cela, obéit le plus souvent à des influences étrangères. Successivement gouverné par Agrippine, par Sénèque, par Burrhus, par Poppée, par Tigellin, — par Agrippine qui lui fait tuer Silanus, par Sénèque qui lui conseille l'exil d'Agrippine, par Burrhus qui prépare le parricide, par Poppée qui exige la mort d'Octavie, par Tigellin qui lui suggère tous les crimes de la fin de son règne, Néron, ce type du souverain absolu, agit rarement par lui-même. Il servit à l'ambition et aux passions de tous, quand peut-être sa seule ambition eût été d'être le rival de Roscius ou le meilleur cocher de la faction verte, et sa seule passion la jeune affranchie Acté. Ce n'est pas lui qui a érigé en principe la maxime : Tuer c'est régner, mais ce principe il l'a toujours suivi sans remords. Au reste, sur le trône, la plus grande faute est la faiblesse. Que les crimes de Néron aient été commis par lui ou par ses maîtres et ses conseillers, ils furent commis en son nom. Devant la postérité vengeresse, il en est responsable.

Décembre 1867.

X

ROME

1869

Urbs! Roma! Rome! Océan d'antithèses de pierre et de chair qui s'entre-choquent comme des vagues! Magnifique mosaïque! Étrange habit d'arlequin! Cité de marbre et cité de boue. Ville de soldats, de princes exilés, de capucins et de monsignori. Ville des grandeurs sévères des ruines antiques et des splendeurs rococo de l'architecture jésuite. Ville qui sent la poudre et l'encens, l'état de siége et la sacristie. Ville des prosaïques uniformes à la française des troupes de ligne et des magnifiques costumes Renaissance des gardes du pape, armés de pertuisanes et d'épées flamboyantes. Monde antique et monde moderne. Paganisme et christianisme. Césarisme et Papisme : Idolâtrie toujours.

Les stations de la croix dans l'arène du Colisée, la statue de saint Pierre sur la colonne Trajane, des créneaux gibelins au faîte du monument funéraire de Cecilia Metella, et l'Ange exterminateur sur le tombeau d'Hadrien (château Saint-Ange), qui était un mausolée et dont on a fait une citadelle. La maison de Rienzi à côté du temple de la Fortune Virile ; une madone à l'entrée des Thermes de Caracalla. Des tiares pontificales et des croix chrétiennes sur les obélisques dont les hiéroglyphes figurent quelque cérémonie du culte d'Isis. L'Odéon transformé en église. Les substructions du théâtre de Marcellus servant de fondation à des maisons d'allure suspecte. Des capucins sur le Palatin et des zouaves dans le tombeau d'Hadrien. Un couvent de moines mendiants sur l'emplacement du temple de Jupiter Capitolin ; Sainte-Marie des Anges sur les ruines des Thermes de Dioclétien ; la basilique de Saint-Pierre où étaient les jardins de Néron.

Combien d'églises et de chapelles, de palais et de villas sont construits et ornés avec les précieux matériaux des temples du polythéisme, avec le marbre dont était recouverte la charpente de travertin du Colisée ! L'autel de l'église de *Jésù* est formé des poutres de bronze de l'Odéon. Les trente-six colonnes ioniques de marbre blanc de la nef de Sainte-Marie-Majeure appartenaient au temple de Junon Lucine. On voit la tête de Sérapis sur les colonnes de granit de Santa Maria in Transtevere. Le sarcophage de rouge antique d'Agrippa sert de tombeau, dans l'église de Saint-Jean de Latran, au pape Clément XII.

A Rome, le paganisme perce toujours à travers le christianisme; le monde antique césarien apparaît sans cesse sous le monde moderne papalin. L'empereur Néron était PONTIFEX AUGUSTUS; le pape Alexandre VI (Borgia) était PONTIFICUS AUGUSTUS.

Le Souverain Pontife est infaillible dans ses décisions sacrées; le César Souverain était infaillible dans ses criminels désirs : Un jour, Caracalla frappé de la beauté de sa mère lui dit : *Vellem, si liceret.* Et la mère répondit : *Licet, quoniam imperator.*

———

Étrange ville, qui a marché à reculons ; qui, au lieu de s'élever de la théocratie à l'autocratie et de l'autocratie à le démocratie, est tombée du gouvernement démocratique des premiers siècles de la République romaine au gouvernement autocratique des Césars, et du gouvernement autocratique des Césars au gouvernement théocratique des Papes; et qui, dérision de la formule, inanité de l'étiquette, a conservé dans toutes ses transformations politiques les quatre lettres sacrées de la vieille République : S. P. Q. R. *Senatus populusque*

Romanus. Sous les Césars, le peuple no revendique plus sa part de gouvernement, le Sénat n'est plus qu'un troupeau de complaisants, et cependant les enseignes romaines arborent toujours le S. P. Q. R. Sous les Papes, le peuple n'a même plus de droits politiques, le sénat n'est plus qu'un seul sénateur, investi d'une fonction purement honorifique; et l'écusson pontifical porte encore ces lettres de grandeur et de liberté.

Le Sénat et le Peuple Romain ! Où est maintenant le Sénat? Où est le Peuple? Où sont les Romains?

A cause de ses aspects multiples, de son caractère universel, des heurts d'idées qu'elle inspire, Rome serait aussi impossible à peindre qu'elle est longue à connaître. Pour décrire les fresques des catacombes de Calliste, les peintures des Chambres, des Loges et de la Chapelle Sixtine, les tableaux de la galerie Borghèse, qui a cinq cents toiles, et de la galerie Sciarra qui n'en a que six qui en valent cinq cents, les statues et les bustes des musées du Vatican et du Capitole, les cascades des fontaines Pauli et Trèvi, pour déchiffrer les inscriptions des stèles et des cippes du long corridor du Vatican, véritable « voie Appienne », pour célébrer les pompes liturgiques depuis la bénédiction *Urbi et Orbi*

donnée le jeudi saint du balcon de la Basilique
vaticane et la grande procession du jour de Pâques
jusqu'aux *chapelles papales* de Saint-Jean de Latran
et de Sainte-Marie-Majeure, pour raconter les folies du
carnaval, depuis les batailles de *confetti* et les jeux
des *moccoletti*, jusqu'aux mascarades et aux courses
de chevaux, pour se faire, du Vatican au Colisée,
du Palatin au Pincio, du Capitole à la Voie Appienne, du Panthéon à la Villa Medici, de l'église
des Saints-Apôtres à Sainte-Marie des Anges, de
la Villa Panfili à la Farnésine, des Thermes de
Caracalla à la basilique de Saint-Pierre, l'historio-
graphe autorisé et le critique pittoresque des marbres
et des toiles, des bronzes et des terres cuites, des
villas et des palais, de l'étiquette pontificale et
des mœurs populaires, des madones et des déesses,
des saints et des héros, des Papes et des Césars, des
jardins et des cloaques, des arcs de triomphe et des
tombeaux, il faudrait dix spécialistes en un seul
homme : un archéologue, un numismate, un épigra-
graphiste, un critique d'art, un historien païen, un
historien chrétien, un théologien, un diplomate, un
moraliste, un poète, un philosophe, et bien d'autres
encore. Pour parler sciemment de Rome, il faudrait
posséder l'omniscience et pouvoir, comme Pic de
la Mirandole, disputer *de omni re scibili et quibus-
dam aliis*. Rome c'est le musée, c'est l'histoire,

c'est la synthèse du monde. C'est le pivot sur lequel
tourne le monde depuis plus de deux mille années.
C'est le monde lui-même. Memphis, Babylone, Athènes, Jérusalem, Byzance, Paris, Londres, toutes les
grandes villes du passé et du présent sont contenues
dans Rome, résumées par Rome. Elles gravitent
toutes autour de Rome comme les planètes autour
du soleil.

Les monuments de la Rome antique inspirent
l'idée de grandeur, non l'idée de beauté. Les Césars
qui étaient des monstres ne pouvaient pas inspirer
les œuvres sereines des Grecs. Ils ne pouvaient faire
créer que des monstres, monstres de grandeur,
monstres de magnificence, monstres de richesse.
La divine harmonie, la souveraine mesure, la pure
eurythmie helléniques manquent à Rome. Il y a du
tourmenté et du monstrueux dans le Colisée et dans
le Forum comme dans les Thermes de Caracalla.

De même que les monuments de la Rome païenne,
les édifices de la Rome chrétienne donnent l'idée
de grandeur et de magnificence, non l'idée de beauté.
Les marbres précieux, les surcharges d'ornements,
l'or qui scintille partout, les tons éclatants des mosaïques, sentent plus le théâtre que le temple. Mais
par son excès même, cette splendeur devient

grandiose. Avec un peu moins de luxe et de richesse, l'intérieur de Saint-Pierre paraîtrait une salle de bal ou de théâtre. Tel qu'il est, il semble un colossal tabernacle qui frappe d'une soudaine vénération.

La beauté semble donc absente de Rome. Par contre tout est grand dans cette ville. Le rococo même du style jésuite, qui domine dans la plupart des églises, est grandiose.

———

Toutes les ruines romaines ont un aspect de barbarie que n'ont jamais les ruines grecques. Les sculptures sont presque frustes, et les pierres, les marbres des monuments sont plutôt dégrossis que taillés, les assises des murailles sont jointes à la manière cyclopéenne.

Indépendamment de leur imperfection, les ruines de Rome ne peuvent donner la grande impression que donnent les ruines d'Athènes, car il est impossible de s'y isoler. Toujours un dôme, un campanile, un clocher s'élève au-dessus d'un fronton, d'un portique ou d'une colonnade; une masure sordide ou un vulgaire couvent masque une façade de temple; un petit abbé ou un moine mendiant se dessine sous un arc de triomphe. En contemplant les monuments antiques, on est sans cesse ramené au temps présent. — Et quel temps! A l'acropole, on peut se croire au siècle de Périclès ; il est bien difficile au Forum de se croire au siècle d'Auguste.

Quelle riche palette, digne de Rubens et de Delacroix, on composerait avec le clergé romain. Le pape blanc, les cardinaux rouges, les camériers pourpres, les évêques violets, les abbés noirs, des moines gris, bruns, orange, marron et bleus. L'arc-en-ciel de la Papimanie, eût dit Rabelais !

VIRTUTE VIXIT

MEMORIA VIVIT

GLORIA VIVET.

Cette belle épitaphe, qui en dit plus dans son laconisme que la plus longue nécrologie, est gravée sur un sarcophage de l'église de Sainte-Marie des Anges. Construite d'après les plans de Michel-Ange, sur l'emplacement de la *Cella Calidaria* des thermes de Dioclétien, cette église est une des plus vastes de Rome. Mais on y pénètre par une entrée indigne, — *come si andasse giù in una grotta*, disent les Italiens, — semblable à celle d'une chapelle de hameau. On est alors tout surpris de se trouver dans un immense vaisseau, en forme de croix grecque, richement décoré de colonnes de granit antique, de tombeaux, de statues, de peintures, d'appliques de marbre et d'ornements de bronze doré. — Un soupirail qui donne accès à un palais somptueux, une perle dans du fumier, c'est toujours ainsi à Rome.

Pour les curieux de l'histoire de l'art, rien n'est plus intéressant à étudier que les peintures du vie siècle des cryptes de l'église de Saint-Clément. C'est là que s'accuse surtout la transition de l'art antique à l'art chrétien. Ces figures ne sont point encore revêtues de la chape d'immobilité imposée par les Byzantins; l'art n'est point encore entré dans le poncif monacal qu'il ne fera craquer que dix siècles plus tard. On voit dans les fresques de Saint-Clément des vestiges du beau mouvement et de la libre allure des peintures greco-romaines. L'expression des têtes est chrétienne; mais les corps sont païens. Selon l'idée d'André Chénier, ce sont des pensées nouvelles animant des formes antiques.

Dès que la France touche à quelque chose on s'en aperçoit. Il y a dix ans, presque toutes les ruines du palais des Césars, au mont Palatin, étaient enfouies sous terre et couvertes par une végétation sauvage dont les chouettes faisaient leur repaire. Aujourd'hui, les fouilles ordonnées par l'Empereur Napoléon III, — *cuique suum*, — ont mis à nu toute une Pompéi. Les substructions apparaissent, les appartements du rez-de-chaussée s'ouvrent, les statues, les bustes, les hermès, les fragments de sculptures, les fûts de colonnes de noir antique sortent de terre, les fresques d'une couleur très vive et très chaude, et d'une exécution supérieure à celle des peintures du Musée de Naples, brillent au soleil. Des poteaux indicateurs, sur lesquels sont transcrits les textes des auteurs latins, marquent l'emplacement des voies, des palais, des jardins du Mont Impérial. Tacite et Suétone en main, on peut parcourir dans ses innombrables dédales le théâtre des fastes et des crimes des Césars. Tout est ordonné avec une méthode, une grandeur et une propreté de haut style qui semblent singulièrement étranges à Rome.

Piranèze a bien rendu dans ses lumineuses eaux-fortes l'aspect des thermes de Caracalla. Il faut voir ces ruines monstrueuses et gigantesques par une rafale de vent et de pluie, au grondement du tonnerre, à la lueur des éclairs. Des nuées d'énormes corbeaux, nichés au faîte des murailles à demi écroulées et couvertes de lierre dix fois centenaire, quittent leur retraite et volent en croassant.

D'immenses pans de murs capricieusement découpés par le temps se dressent jusqu'au milieu des nuages; des escaliers suspendus dans le vide serpentent le long des ruines. Les trous béants, les précipices, les souterrains s'illuminent ou s'embrument selon que l'éclair luit ou que la nuée passe. Tout cela est si grand qu'on se refuse à y voir l'œuvre humaine. On croirait ces immenses blocs de travertin jetés là par quelque cataclysme ou tombés de la fronde des Titans dans le combat contre les dieux. Les ruines des Thermes semblent nées de l'orage et de la tempête. Et si on songe que ces colossales constructions étaient entièrement revêtues des marbres les plus précieux, le serpentin, le lapis, le cypollin, le rouge et le vert antiques, soutenues par des colonnes de porphyre, de granit rose et de basalte, ornées de fresques et de mosaïques; qu'elles contenaient plus de deux mille statues de marbre et de bronze, dont le Torse du Belvédère, la Vénus Callipyge, la Flore, la Vénus du musée Chiaramonti, l'Hercule et le Taureau Farnèse et tant d'autres chefs-d'œuvre, une immense bibliothèque, des piscines froides et chaudes, des théâtres, des cirques, des arènes; qu'on y employait trois mille baigneurs à gages, et tout un monde de gymnastes, d'athlètes et de comédiens; enfin que chaque citoyen romain pouvait y entrer sans aucune rétribution, tout étant offert au peuple et payé par le César, l'imagination se sent dépassée et la raison est prise de vertige.

* * *

Les cryptes des Capuccini sont divisées en plusieurs salles entièrement décorées de tibias, de fémurs, de crânes, de vertèbres, de clavicules, de radius, de cubitus, d'humérus, de phalanges et d'ossements de toute sorte. La terre de ces chambres funèbres a la propriété de conserver les cadavres. On enterre là les capucins, et après trois ans d'inhumation, on les déterre. Si les corps sont bien conservés, on les revêt de la robe de l'ordre, on leur donne l'attitude de la prière et on les dresse ainsi, debout et les mains jointes, dans des niches formées d'ossements. S'ils sont déjà à demi décharnés, on les dissèque, et avec leurs os on construit les voûtes et les parois des niches, on fabrique des lampes, des croix et des bénitiers, on dessine le long des murailles des emblèmes funéraires.

C'est le boudoir rococo de la Camarde. Rien d'immonde comme cette impudeur de la mort, comme ce viol du sépulcre, comme cette exhibition d'outre-tombe. Par cela, les capucins mériteraient ce mot de Voltaire à un des leurs qui signait *Capucin indigne* : « De quoi êtes-vous digne, si vous êtes indigne d'être capucin? »

On est pris d'une profonde émotion, lorsqu'on
entre à Saint-Louis des Français, à la vue de toutes
ces tombes de Français illustres morts à Rome, et
surtout des dalles funèbres de ces centaines d'incon-
nus, soldats et officiers, tués au siège de Rome. On
se sent en France dans cette nécropole. C'est une
mélancolique oasis où l'on s'isole dans la patrie
absente.

Saint-Pierre de Rome fait songer au grain de sable
de Pascal. Ce fut pour subvenir aux immenses dépenses de la construction de Saint-Pierre que Jules II
décida la vente des indulgences qui révolta Luther,
révolutionna l'Allemagne et enfanta la Réformation. Les guerres civiles du xvi⁰ siècle, la Saint-
Barthélemy, la révolution d'Angleterre, la révoca-
tion de l'Édit de Nantes, les massacres des Cévennes, l'abaissement des maisons d'Espagne et
d'Autriche, la fondation des États-Unis, la création
de la Prusse, le nouvel empire d'Allemagne, tout cela
vient d'une fantaisie grandiose d'un pape ami des
arts et affolé de magnificence.

Il est juste de dire que la Réformation a sauvé le
catholicisme qui retournait au paganisme. Certains
cardinaux lettrés du xvi⁰ siècle avaient obtenu du
Souverain Pontife des dispenses pour ne pas dire la

messe, de peur de gâter leur belle latinité cicé-
ronienne.

Certaines églises du moyen âge sont symboliques.
Les cryptes obscures représentent l'Église souffrante,
l'Église du Purgatoire, l'Église persécutée et qui
se cache, l'Église des catacombes, du désert et des
martyrs. La nef, où le jour ne pénètre qu'à travers
les étroites ogives, figure l'Église militante, l'Église
terrestre, où les fidèles sont en butte aux tentations et aux tourments, l'Église de Constantin,
de Charlemagne et des Croisades. Les clochers,
élevés en pleine lumière, symbolisent l'Église triomphante, l'Église céleste des Bienheureux, l'Église
annoncée par les prophéties.

On pourrait retrouver cette même symbolique dans
les différents styles d'architecture religieuse qui se
sont succédé à travers les âges.

Les églises romanes avec leurs pleins cintres et
leurs arcs surbaissés, leurs portes basses, comme
des poternes de forteresse, écrasées sous de lourds
linteaux, leurs sculptures grossières et massives,
leur simplicité barbare, c'est l'Église souffrante.
Les cathédrales gothiques avec leurs sveltes ogives,
leurs dentelles de pierre, leurs flèches évidées qui
semblent destinées à armer les légions angéliques,

leurs barbacanes pareilles à des meurtrières, leurs arêtes vives et tranchantes, leurs ombres portées sinistres, leurs vitraux de couleurs qui tamisent la lumière, leur aspect d'élan et de vaillance, c'est l'Église militante. Les basiliques romaines du xvi° siècle, dont Saint-Pierre est le prototype, avec leurs immenses coupoles où la lumière est d'or, leurs vastes baies où le soleil entre dans tout son éclat, leurs voûtes de bronze doré, leurs revêtements de marbres précieux, leurs colonnes de jaspe, d'agate, de porphyre, de lapis-lazuli et de rouge antique, leurs autels de vermeil et d'argent incrustés de saphirs, de topazes et de rubis, leurs pavés de marbre et de mosaïque, c'est l'Église triomphante.

Octobre 1869.

XI

LE PREMIER SIÈGE DE PARIS [1]

AN 52 AVANT L'ÈRE CHRÉTIENNE

Paris est né citadelle. Avant d'être ville, il est camp retranché. La première fois que l'histoire en parle, l'histoire l'appelle place forte. « Lutèce, fort des Parisiens, » dit César : *Lutetia, oppidum Parisiorum*. De longues années avant l'invasion romaine,

---

1. Ce récit d'histoire « dédié à M. l'amiral Pothuau, commandant la 3ᵉ division du corps de la rive gauche (armée de Paris 1870-1871), par un ancien officier de sa division », a été publié il y a deux ans en un volume in-16 tiré à petit nombre et bientôt épuisé. La critique savante s'en est occupée, et M. F. de Saulcy l'a présenté en ces termes à l'Académie des inscriptions et belles-lettres (séance du 8 décembre 1876) : « *Le Premier Siège de Paris* n'est qu'un petit livre, mais il ne faut pas le juger à sa taille. Il est plein d'érudition et d'intérêt. Et dans ces questions si controversées, M. Henry Houssaye me paraît être tout à fait dans le vrai. »

Paris, entouré par les deux bras de la Seine et situé dans une contrée toute couverte de forêts, de marais, et de collines boisées, avait servi de refuge aux populations environnantes, au temps des immigrations à mains armées des Kymris et dans les luttes de tribus à tribus celtes. Vient César qui, dans son admirable livre de la *Guerre des Gaules,* sacre Paris forteresse. Vient Julien qui, l'habitant cinq années, fait Lutèce capitale. Dès lors Paris restera toujours la capitale et la forteresse de la France, le cœur de la nation. C'est de Paris que partira le premier cri de guerre; souvent aussi c'est Paris qui exhalera le dernier soupir de la résistance. Aussi combien de sièges en règle, d'attaques de vive force, d'approches menaçantes, de combats sous les murs, Paris n'aura-t-il pas à soutenir, à repousser. à conjurer et à livrer !

Après les légions de Labiénus, ce sont les hordes d'Attila, puis les troupes de Clovis qui marchent contre la vieille Lutèce. Les Normands ensuite remontent la Seine sur leurs longues barques pontées et viennent mettre le siège devant Paris quatre fois en moins d'un demi-siècle, en 845, en 857, en 872, en 885. Durant la guerre de Cent ans, c'est au tour des Anglais d'assiéger Paris, dont ils s'emparent par trahison. Jeanne d'Arc, à la tête des bannières de Charles VII, tente d'enlever Paris à l'ennemi. Mais

Paris, qui n'a pas su résister au roi d'Angleterre, résiste au roi de France: la Pucelle est forcée de lever le siège. Au xvi° siècle, c'est Henri III et Henri IV, contre lesquels Paris se défend si bien que le Valois meurt sans revoir le Louvre et que le Bourbon est obligé, pour que le pont-levis de la Porte-Neuve s'abaisse devant lui, d'abjurer la religion réformée. La Fronde n'est qu'une petite guerre, comparée à la Ligue. Toutefois, Paris prend au sérieux son rôle de place forte et tient bon contre les troupes royales. Ce sont les négociations et non les canonnades qui rendent sa capitale à Louis XIV enfant. 1814 et 1815 ramènent deux fois l'ennemi sous les murs de Paris, et de sanglants combats sont livrés pour l'honneur de la cité. Enfin notre génération a vu Paris assiégé en 1870, par les armées allemandes, et, en 1871, par l'armée de Versailles.

L'expédition de Labiénus contre Lutèce, l'année 52 avant l'ère chrétienne, ne fut pas, à vrai dire, un siège. Le lieutenant de César n'eut pas à établir des lignes de circonvallation et de contrevallation, à pratiquer des galeries d'approche, à employer les balistes, les catapultes, les tortues et autres machines de guerre, à se servir pour l'assaut de tours mobiles, de grues et de ponts volants. On n'assiège pas une ville qui n'est plus qu'un monceau de cendres; on n'obtient pas une capitulation de gens qui se font tuer jusqu'au dernier [1].

I.

Après les révoltes si durement châtiées des années 700 et 701 (54 et 53 av. J.-C.), César crut les Gaules pacifiées. Il se trompait. La révolte qu'il venait de réprimer ne faisait que préluder au soulèvement de toute la Gaule. Avec Indutiomare, seul le nord-est de la Celtique s'était révolté. Au centre, à la vérité, les Carnutes et les Sénonais s'étaient tenus prêts à seconder le mouvement des Éburons et des Trévires dans la Gaule Belgique, mais le succès bientôt revenu

1. Peu de pages des Commentaires ont soulevé autant de discussions que celles où César parle des opérations de Labiénus sous Lutèce. Pour quelques historiens, ce sont les rives de la Marne qui furent le théâtre du premier combat; pour d'autres, ce sont les bords de la Bièvre, de l'Orge, de l'Essonne. Mêmes controverses à l'occasion du second combat, livré selon ceux-ci en aval de Lutèce, selon ceux-là en amont. Nous avons longuement discuté ces diverses opinions dans l'*Appendice* de notre petit livre, auquel nous renvoyons le lecteur pour toute la partie de discussion ainsi que pour les notes et références. Disons seulement — pour rendre à César ce qui appartient à César — que les auteurs qui y sont le plus souvent cités, sans parler naturellement de César, de ses commentateurs et des historiens de Paris, sont parmi les anciens: Plutarque, Strabon, Florus, Julien, Polybe, Végèce; parmi les modernes: F. de Saulcy, Ch. Lenormant, Quicherat, l'empereur Napoléon III, Heller, F. Monnier, le général Creuly, Alex. Bertrand. Une petite carte au 1/40,000 que nous avons dressée en tenant compte des exhaussements et des nivellements qu'a subis le sol de Paris depuis bientôt deux mille ans, aide à comprendre les opérations.

aux armes romaines avait tout arrêté. Au début de l'hiver de l'an 702 (52 av. J.-C.), César partit donc pour tenir l'Assemblée de la Gaule cisalpine, laissant la Gaule à la garde de huit légions décimées. Deux légions occupaient le pays des Trévires; deux furent envoyées à Langres; les quatre autres étaient cantonnées à Agedincum (Sens). Les lieutenants étaient C. Trébonius, Titus Labiénus, C. Fabius, T. Sextius, C. Cotta, Q. Pedius, Plancus et Crassus.

De l'autre côté des Alpes, César n'est plus seulement chef d'armée, il devient chef de parti. Le démon de la politique lutte chez le grand homme avec le génie de la guerre. Dès que César arriva en Italie, il apprit le meurtre de P. Clodius. La guerre civile était imminente. Le bruit s'en répand dans les Gaules. L'heure a sonné pour les Celtes de recouvrer leur liberté. La révolte d'Indutiomare a échoué parce que César était là; César absent, elle eût réussi. Le moment est propice. César est trop occupé des affaires intérieures de Rome pour songer à rejoindre ses légions. Le voulût-il, il semble qu'il ne le pouvait pas; il en est séparé par près de deux cents lieues, et il lui faut traverser les Alpes et franchir les Cévennes. L'hiver se ligue avec les Gaulois. Six pieds de neige glacée couvrent tous les chemins. Alors éclate, au centre de la Gaule, un grand cri d'indépendance qui trouve un écho du Rhône à l'Océan, de la Garonne à la Meuse. Ce n'est plus la Gaule Belgique seule, c'est toute la Gaule chevelue qui se soulève contre la domination étrangère. Peu de temps après le départ de César, les premières conférences s'ouvrent entre les chefs et les députés des divers peuples de la vieille Celtique : Arvernes, Pictons, Carnutes, Parisiens, Turons, Senonais, Carduciens, Lemovices, Andes, Aulerques et riverains de l'Océan. A la première victoire, d'autres se joindront à eux : les Bellovaques, les Suessons, les Narbonnais[1]. La révolte s'étendra jusque dans la Province.

Durant une des plus sombres nuits de février 52, au plus fort de cet hiver qui fut particulièrement rigoureux, une dernière et suprême assemblée fut tenue non loin de Chartres, dans une antique forêt de chênes consacrée aux dieux nationaux Ésus, Camoul et Teutatès. Autour d'un dolmen rougi du sang des sacrifices et en présence des druides aux amples robes blanches et des druidesses aux longs cheveux flottants, les principaux chefs se concertèrent pour délivrer la patrie commune et pour rendre à leurs frères des Gaules leurs droits et leur indépendance.

1. Les Arvernes, peuples de l'Auvergne; les Pictons, Poitevins; les Carnutes, Chartrains et Orléanais; les Turons, Tourangeaux; les Senonais, habitants du territoire de Sens; les Carduciens, habitants du Quercy; les Lemovices, Limousins; les Andes, peuples de l'Anjou; les Aulerkes, Bourguignons, Manceaux, riverains de la Sarthe et de l'Eure, etc.; les Bellovaques, peuples du Beauvoisis; les Suessons, Soissonnais.

Parmi les plus ardents se faisait remarquer, dit Florus, « ce guerrier terrible par la taille, par les armes par le génie, dont le nom même était fait de terreur : Vercingétorix [1] ». Les chefs jugèrent sur les étendards réunis, le plus terrible et le plus solennel des serments chez les Gaulois. Les druides agitaient les flammes à trois pointes des enseignes au-dessus de la tête des guerriers. Après s'être engagés à prendre les armes au signal convenu, les conjurés se séparèrent. C'étaient les Carnutes, jaloux de venger la mort d'Accon, supplicié sur l'ordre de César, qui devaient porter le premier coup. En effet, peu de jours après l'Assemblée, ils surprirent Gennabum (Orléans ou Gien) et massacrèrent les citoyens romains, qui s'y trouvaient, entre autres un ami personnel de César, C. Fusius Cita, chevalier et intendant des vivres. La nouvelle de ce coup de main est portée à tous les points de la Gaule avec la rapidité d'un éclair. Des vedettes postées sur les collines et les éminences se la transmettent par de grands cris avec une telle célérité, dit César, que ce qui s'est passé à Gennabum au lever du soleil est connu des Arvernes avant la fin de la première veille (huit heures du soir). Or, de Gennabum au pays des Arvernes, il y avait plus de cinquante lieues.

1. ...*Ille corpore, armis, spirituque terribilis, nomine etiam quasi terrore composito, Vercingetorix.*

Le massacre de Gennabum est le signal de la levée de boucliers. Les Gaulois prennent les armes et nomment un chef suprême, Vercingétorix. Fils de Castillus, ce patriote arverne qui avait péri sur le bûcher pour avoir aspiré à la royauté, Vercingétorix était, par sa naissance, sa haute taille, son courage et son intelligence, digne de commander aux Gaulois. Il s'était depuis longtemps mis à la tête du parti démocratique arverne qui personnifiait l'idée nationale, tandis que l'aristocratie acceptait facilement la domination romaine. Reconnu pour brenn par les Arvernes et par les chefs et les envoyés de tous les peuples qui sont entrés dans l'alliance, il exige partout des hommes, des armes, des chevaux, des vivres. Les cités qui ne peuvent encore les lui fournir lui donnent des otages. En peu de jours, le jeune chef commande à une armée nombreuse qui a foi en son ardent patriotisme et en sa mâle assurance. Il est vraiment l'âme de la révolte. Le plan de campagne était ceci : tandis que les Carnutes, les Sénonais, les Bellovaques et les autres peuples du centre et du nord de la Gaule combattraient les légions romaines disséminées à Trèves, à Sens et à Langres, Vercingétorix révolutionnerait le sud et la Province même; car l'ardent jeune homme rêvait la Gaule libre jusqu'aux Alpes. Au cas enfin où César amènerait des renforts d'Italie, il le combattrait et empêcherait sa

jonction avec les légions de Langres et de Sens.
Vercingétorix envoie une partie de son armée chez
les Ruténiens; une autre, sous le commandement du
Carducien Luctère, menace la Province du côté de
Narbonne; lui-même marche contre les Bituriges.

Mais si rapide et si imprévue qu'eût été cette révolte
des Gaules, le retour de César fut plus rapide et plus
imprévu encore. C'est à Ravenne que le consul apprend la révolte. Il part aussitôt à la tête de quelques
recrues, traverse les basses Alpes entre Nice et Marseille, tombe à l'improviste dans la Province, y lève
de nouvelles troupes et y rejoint la garnison qu'il
y avait laissée. Il court à Narbonne et fait reculer
Luctère. Puis il remonte les rives du Rhône, franchit
les Cévennes malgré six pieds de neige, descend en
Auvergne, et pendant que sur ses ordres son lieutenant Brutus ravage la contrée pour attirer Vercingétorix, il gagne au galop Vienne, Langres et Sens,
escorté seulement d'une dizaine de cavaliers. «César, dit
Florus, se trouva au cœur de la Gaule avant qu'on ne
redoutât son arrivée sur la frontière. » Dès qu'il eut
réuni toutes ses troupes, César prit une vigoureuse
offensive. En quelques jours, il s'empara de Gennabum et de Noviodunum. Les habitants, combattants
ou non combattants, furent impitoyablement passés
au fil de l'épée. Toujours Vercingétorix reculait
devant César, car le Gaulois ne voulait pas en venir

à une action décisive. Il avait ordonné que toutes les villes fussent brûlées à l'approche des Romains, afin de faire partout autour d'eux le désert et la famine. Les Bituriges, obéissant à cet ordre, incendièrent en une nuit vingt de leurs villes ou villages. Seuls, les habitants d'Avaricum (Bourges) hésitèrent devant ce patriotique sacrifice. Ils supplièrent Vercingétorix de leur laisser défendre leur ville au lieu de la détruire. Le brenn n'y consentit que touché par leurs prières et par leurs larmes. Mal lui en prit. César emporta la ville d'assaut après vingt-cinq jours de siège, malgré la défense héroïque de ses habitants et malgré les hardies tentatives de Vercingétorix pour leur porter secours.

La campagne débutait heureusement pour César. Mais tandis que le centre de la Gaule combattait, le nord armait. Il fallait disperser les armées en formation des Sénonais, des Aulerques, des Parisiens et des autres riverains de la Seine. Autrement les Romains seraient bientôt écrasés entre deux masses de Barbares. Après la prise d'Avaricum, et comme il se préparait à se mettre en marche sur Gergovie, la forteresse des Arvernes, César détacha donc de son armée Titus Labiénus, son meilleur lieutenant, avec quatre légions. Labiénus avait l'ordre de marcher contre Lutèce, où se concentraient les troupes de la ligue du nord.

II

Paris, ou à mieux dire Lutèce, cité et oppidum des Parisiens, occupait alors, comme chacun sait, cet îlot situé entre les deux bras de la Seine qui s'est appelé plus tard la Cité. Ce n'était qu'une réunion de huttes de forme circulaire, construites en terre et solidifiées par des troncs d'arbres équarris et des clayonnages. Une seule ouverture, qui servait de porte, laissait entrer l'air et la lumière dans l'unique pièce de l'habitation. C'était là que dormaient les Gaulois, couchés sur des peaux de chiens et de loups; c'était là qu'assis sur du foin, ils prenaient leurs repas de pain, de poissons et de viandes, que, dit Athénée, « ils dévoraient à la façon des lions, prenant des deux mains des membres entiers et les mordant à pleines dents ». De loin, ces masures de torchis, dont le toit conique, percé d'un trou pour donner passage à la fumée, était couvert de chaume et de roseaux, semblaient une multitude de ruches éparses dans un marais. La ville était petite, n'ayant guère que mille mètres dans sa plus grande longueur, et à peine trois cents mètres de largeur. Lutèce pourtant était la principale cité des Parisiens, mais la contrée habitée par ce peuple n'avait pas de bien vastes frontières. Elle s'étendait au nord jusqu'au territoire de Soissons, de Senlis et de Beauvais; à l'ouest, jusqu'à celui de Mantes; au sud-est, jusqu'à celui de Dreux; à l'est, jusqu'à celui de Meaux. Au sud, il confinait au pays des Sénonais (Corbeilles et Melun). Le territoire des Parisiens comprenait à peu près le triple du département actuel de la Seine.

Si petite que fût la ville, si borné que fût le territoire, les Parisiens n'en comptaient pas moins au nombre des peuples les plus riches et les plus puissants de la Gaule. Chasseurs, ils poursuivaient le gibier dans les bois touffus, les vastes forêts et les hautes bruyères, qui, sauf au nord-est, les environnaient de toute part. Agriculteurs, ils faisaient d'abondantes moissons dans les plaines d'Issy, d'Ivry, de Mesly, de Saint-Denis et d'Argenteuil; ce qui les encourageait à offrir chaque année des actions de grâce au Taureau aux trois grues, symbole de l'agriculture. Pêcheurs et navigateurs, ils jetaient heureusement leurs filets dans les eaux de la Marne, de la Bièvre, de l'Yvette, de l'Orge, de la Juive, de l'Essonne, de l'Yères, qui sillonnaient leurs terres; ils lançaient leurs barques sur la Seine, qui baignait leur îlot, qui les portait au centre de la Celtique et jusqu'à l'Océan pour le commerce de la pelleterie gauloise et de l'étain breton, et qui transformait leur cité en une sorte d'entrepôt entre le nord et le midi de la Gaule, entre la Méditerranée et les mers septentrionales.

Les Parisiens étaient aventureux, vaillants et patriotes. Ils avaient été des premiers à répondre à l'appel aux armes de Vercingétorix. Leur ville, île reliée à la terre ferme par deux ponts construits avec des troncs d'arbres, était un oppidum. De plus, Lutèce était située au centre des pays du nord de la Celtique ; elle commandait le passage de la Seine. Et César, qui, trois années auparavant, l'avait choisie pour lieu d'assemblée des états de la Gaule, comme si son génie eût pressenti qu'un jour Paris remplacerait Rome, César l'avait par cela même désignée à l'attention des Gaulois. Voilà pourquoi Lutèce, Lutèce « la ville de boue », la ville de marais, la ville qui, selon la pittoresque expression de Sauval, lequel cependant n'est point souvent pittoresque, ressemblait à « une nef enfoncée dans la vase et échouée au fil de l'eau », était le lieu de rassemblement assigné aux armées de la ligue du nord. C'était à Lutèce, sur les bords de la Seine, que Parisiens, Aulerques, Cénomans, Brannovices, Diablintes, Sénonais, Éburovices s'étaient réunis. C'était là que le brenn des armées de la Celtique du nord venait d'être élu, par acclamations, au choc des épées contre les boucliers. Ce chef, un Aulerque du nom de Camulogène (fils du dieu Camoul, le Mars des Gaulois), était un guerrier vieux par les années, mais jeune encore par la vigueur et le courage, et renommé pour sa grande expérience des choses de la guerre. Il avait été *vergobret* de sa cité, magistrature suprême qui donnait à celui qui en était investi droit de vie et de mort sur ses concitoyens.

César, en envoyant Labiénus contre Lutèce, avait laissé toute initiative à son lieutenant. D'Avaricum (Bourges), Labiénus gagna d'abord Agedincum (Sens), qui devait lui servir de base d'opération dans cette expédition. Il y fit quelques jours reposer ses troupes, puis laissant les bagages de l'armée à la garde d'un contingent de recrues nouvellement arrivé d'Italie, il se mit en route avec ses quatre légions, environ quinze mille hommes, cavalerie et infanterie [1]. Y avait-il, dès cette époque, une route allant de Sens à Lutèce. Plusieurs historiens le croient, et pensent que cette route devait contourner la rive gauche de l'Yonne jusqu'au point où cette rivière se jette dans la Seine, et continuer vers Lutèce en suivant la rive gauche de la Seine. Quoi qu'il en fût, si la route n'indiquait pas à Labiénus le chemin qu'il devait prendre, les principes de la stratégie le lui montraient. Sa base d'opération étant sur la rive gauche, il eût démenti sa réputation d'habile capitaine en

1. Régulièrement, au temps de César, il y avait par légion 6000 fantassins et 300 cavaliers. Mais en défalquant les recrues laissées à Sens et les pertes de la dernière campagne, on ne peut guère évaluer les quatre légions de Labiénus à plus de 15,000 hommes.

passant sur la rive droite, et en mettant ainsi un grand fleuve entre son armée et ses réserves. De plus, sur la rive gauche de la Seine, Labiénus était en pays neutre, sinon allié; sur la rive droite, il se fût trouvé en plein pays ennemi. D'ailleurs, afin de ne pas retarder sa marche, il avait laissé à Sens, avec ses bagages, ses équipages de pont; or pour aborder Paris par la rive droite, il lui aurait fallu d'abord traverser la Seine et ensuite la Marne, dont le courant est excessivement rapide.

L'armée romaine suivit la rive gauche de la Seine. Labiénus ne savait pas où Camulogène l'attendait pour lui livrer bataille. Aussi dut-il recommander aux tribuns et aux centurions de maintenir l'ordre le plus strict dans la marche de la colonne, ainsi que les armées romaines y étaient accoutumées en pays ennemi, afin qu'à la première alerte les légions pussent rapidement se former en bataille. Durant la route, le terrain était éclairé au loin par des vedettes de cavalerie, les bois fouillés par des détachements de vélites, les hauteurs couronnées par des cohortes de légionnaires. De Sens à Paris, par l'Yonne et la Seine, qui font de longs circuits, il y a environ vingt-cinq lieues. Les fantassins romains, très pesamment armés, ayant le casque, la cuirasse, le bouclier, le large baudrier, l'épée, la longue pique ou le lourd pilum (javelot), et portant en outre sur leur dos pour quinze jours de vivres [1], faisaient des étapes de vingt milles (30 kilomètres), sauf le cas de marche forcée où ils ne faisaient point difficulté de doubler l'étape. Il fallut donc au moins trois jours au corps de Labiénus pour atteindre les environs de Paris; d'autant plus qu'il eut à passer à gué les rivières de l'Essonne et de l'Orge. Or si exercés que fussent les Romains à passer à gué tous les cours d'eau (des cavaliers postés en amont rompaient le courant, et les fantassins entraient hardiment dans le lit de la rivière, ayant quelquefois la tête seule hors de l'eau — *solo capite extantes*), on conçoit que cette opération ne laissait pas de retarder leur marche.

Le troisième jour après le départ de Sens, les têtes de colonnes romaines s'engageaient en plein territoire parisien, entre la Seine et la chaîne de collines où s'élèvent aujourd'hui le fort d'Ivry, le village du Petit-Ivry, et les quartiers de la Maison-Blanche et d'Austerlitz. Déjà Labiénus, n'ayant point été inquiété dans sa route et apercevant les toits de chaume de Lutèce, pouvait penser que les Gaulois

---

1. La charge des soldats romains, en y comprenant les scies, haches, crochets, pieux, vivres, ustensiles de cuisine et objets de campement montait à soixante livres, sans compter les armes qu'ils ne regardaient pas comme un fardeau mais comme une partie d'eux-mêmes : *arma membra milites ducebant*, dit Cicéron.

s'étaient prudemment mis en retraite à l'approche des aigles romaines, et qu'ils avaient abandonné la ville sans même faire un semblant de résistance. Il allait bientôt être détrompé.

Sortant des bois du Désert et enserrant Paris au sud-est, coule la bourbeuse rivière de la Bièvre, qui vient se jeter dans la Seine au-dessus du pon d'Austerlitz. Par endroit, elle n'a pas moins de douze pieds de vase. Au temps de César, la Bièvre, tour à tour rivière et marais, étendait son cours entre les collines, couvertes alors de bois épais, où sont situés maintenant les villages de Jouy, de Bièvre, de Verrières, d'Antony, d'Arcueil, de Gentilly, et les arrondissements des Gobelins et du Panthéon. A l'embouchure de la Bièvre, dans le lieu le plus bas, un marais confinait à la Seine [1]. On était en ce moment au milieu du printemps; l'hiver avait été rigoureux, et les marais alimentés par la fonte des neiges, par les torrents grossis, par la Bièvre sortie de son lit de boue, par mille ruisseaux devenus rivières, étendait au loin ses nappes d'eau stagnante.

---

1. Dans les anciens plans de Paris, ce marais s'étend en suivant le cours de la Bièvre et le cours de la Seine, depuis l'emplacement actuel du jardin de la Salpêtrière jusqu'à l'emplacement actuel des fortifications. C'est-à-dire qu'il est d'abord parallèle, puis perpendiculaire à la Seine. — Labiénus devait chercher à franchir ce marais dans la partie la plus étroite, non pas à l'embouchure de la Bièvre, mais un peu plus au sud, à l'entrée du vallon.

14.

Il y avait à la fois marais et inondation. C'était derrière cette double ligne de fortifications naturelles, formée par l'eau et les collines, que Camulogène attendait l'armée romaine.

Si les Celtes n'avaient pas sur les vastes champs de bataille la tactique savante des Romains, ce n'étaient point pour cela des hordes indisciplinées, courant en désordre à l'ennemi. Ils savaient admirablement se servir des moindres obstacles naturels, bois, rivières, marais, éminences, pour s'y retrancher et y livrer combat dans des positions avantageuses. Les druides enseignaient dès leur enfance aux jeunes Gaulois de la classe noble l'étude du terrain, les situations des plaines et des montagnes, l'emplacement des oppidums, l'art des fortifications passagères, la manière de rendre un gué praticable et de construire des ponts. Camulogène ayant remarqué l'excellente position qu'il pouvait occuper à quelques pas de Lutèce, avait préféré y établir son armée que de la lancer à l'aventure au-devant des légions de Labiénus. Là, il choisissait son champ de bataille au lieu de s'en remettre aux hasards de la guerre. D'ailleurs la mission de Camulogène était moins d'attaquer Labiénus que de défendre Lutèce. Au point de vue stratégique, comme au point de vue de l'effet moral que la prise de cette ville produirait sur les États du nord de la Gaule prêts à se

soulever, il importait que Lutèce restât indépen-
dante.

L'armée gauloise occupait, derrière le marais et la
Bièvre, l'espace de terrain compris aujourd'hui entre
le quai d'Austerlitz et le boulevard d'Italie. Le front
à défendre était ainsi d'environ deux mille cinq
cents mètres. Une partie des troupes étaient placées
en première ligne sur les bords mêmes de la Bièvre ;
l'autre se tenait, en seconde ligne, sur des collines
boisées où il y a maintenant plus de rues qu'il n'y
avait alors de sentiers. — La ligne presque droite
formée par les rues de Buffon, Cuvier et de Lourcine,
indiquerait assez exactement la position du gros des
Gaulois ; les réserves garnissaient les crêtes est et
sud-est de la montagne, où sont maintenant les
rues Monge, Lacépède, Mouffetard, Berthollet. — De
nombreux détachements gardaient la rivière jusque
du côté de Gentilly, d'Arcueil et de Cachan.

La position prise par Camulogène était excellente
en ce qu'elle présentait deux lignes de défense successives. Si même les troupes de Labiénus avaient
réussi à franchir le marais, quelle eût été leur
situation en prenant pied sur la terre ferme ?
Le gros des Gaulois se fût retiré sur Lutèce, tandis qu'un grand nombre d'entre eux fût resté sur
les collines. Les Romains se seraient donc trouvés
attaqués de front et de flanc, ayant leur droite

appuyée à la Seine, et pour toute ligne de retraite un marais. Dans l'étroit triangle formé par la Seine, le marais et les collines, c'est à peine s'ils auraient pu se déployer.

Les éclaireurs romains, reçus à coups de flèches, vinrent rapporter à Labiénus que l'armée gauloise était en vue, solidement retranchée derrière les marais. Labiénus fit faire halte à la colonne, et s'assura par lui-même de la véracité de ses éclaireurs. Il était trop habile homme de guerre pour ne pas voir au premier coup d'œil combien il serait difficile d'emporter la position. Mais il était Romain, habitué à vaincre, peu accoutumé de s'arrêter aux obstacles. Il disposa ses troupes et donna l'ordre de franchir les marais. Pendant que les vélites, postés en tirailleurs, entamaient avec les Gaulois un combat de traits, pendant que la cavalerie, divisée en petits détachements, observait les collines du sud, de façon à empêcher quelque mouvement tournant des Gaulois, plusieurs cohortes de légionnaires s'avancèrent, formant la tortue avec leurs boucliers, jusqu'au bord du marais. D'autres soldats, protégés par des mantelets, qu'ils avaient rapidement construits, en abattant de grosses branches, tentèrent avec des fascines, de la terre, des troncs d'arbres, des clayonnages, d'établir une chaussée praticable. Mais le terrain mouvant du marais s'échappait sous le poids dès que les plus hardis travailleurs s'aventuraient trop loin. Pendant ce temps, les Gaulois, postés sur l'autre rive et sur les pentes de la montagne, lançaient flèches, dards, javelots, pierres, olives de plomb et de fer sur les assaillants. C'était une grêle de traits, qui, quoique moins bruyante et moins nourrie que celle des balles, ne laissait pas d'être très meurtrière. Les Gaulois avaient le triple avantage d'être sur la terre ferme, de tirer à tir plongeant et d'atteindre l'ennemi en tête et en flanc. Que pouvaient faire les Romains frappés par un tir plongeant et concentrique, et manœuvrant sur un terrain mouvant où à chaque minute se creusaient d'horribles gouffres? La nuit mit fin à l'action. Labiénus établit son camp comme s'il eût voulu reprendre l'attaque le lendemain, mais à la troisième veille (minuit), il fit parvenir aux tribuns l'ordre du départ. Les troupes levèrent le camp dans le plus grand silence, afin de ne pas attirer l'attention des Gaulois, dont la cavalerie et les gens de traits auraient pu harceler leur retraite, et elles se mirent en marche par le même chemin qu'elles avaient pris pour venir.

Au lever du jour, les Parisiens, qui se préparaient à soutenir un nouvel assaut, virent devant eux la plaine déserte. Seuls des cadavres épars, des abattis d'arbres, des mantelets abandonnés, montraient que l'armée romaine avait combattu là. Les légions de Labiénus avaient déjà trop d'avance pour que Camulogène songeât à inquiéter leur retraite. Les Gaulois, qui avaient bruyante la joie du triomphe, se contentèrent de saluer par de grands cris leur victoire et ce qu'ils appelaient la fuite de l'ennemi. Certes bien des femmes de Lutèce, partagées entre la crainte et la fureur guerrière, avaient assisté de loin à ce combat où se décidait le sort de leur cité. Elles joignirent leurs acclamations à celles des guerriers du brenn, car vaillantes et patriotes, elles étaient de la même race que ces Gauloises qui, à la bataille du Cœnus, se firent toutes massacrer en défendant les chariots et les bagages de l'armée avec une sauvage bravoure.

III

Le départ de Labiénus n'était pas une fuite, pas même une retraite ; c'était une contre-marche. Ne pouvant emporter la position, il allait la tourner. Pour cela, le Romain devait ou franchir la Bièvre à la hauteur d'Arcueil, passer par les hauteurs de Sceaux et de Châtillon, et arriver devant Lutèce par la plaine de Montrouge ; ou traverser la Seine et gagner par la rive droite les abords de la ville. Ce fut à ce dernier parti qu'il s'arrêta. Il craignait d'engager ses colonnes dans les bois, les défilés, les sentiers tortueux et escarpés du sud de Paris. Les Gaulois, prévenus de son approche, auraient pu lui dresser là de nombreuses embuscades, dans lesquelles ses cohortes, surprises et n'ayant pas la place de se déployer, auraient trouvé leur perte. Les Gaulois, toujours terribles sur les champs de bataille, étaient surtout à redouter dans la guerre de bois. Par la Seine, une autre difficulté se présentait à Labiénus : comment passerait-il ce fleuve? Il espérait sans doute trouver un gué. Mais le fleuve était alors dans sa crue, et force fut au lieutenant de César de remonter la Seine jusqu'à Melodunum (Melun), où il savait sans doute qu'il y avait un pont.

Quand les troupes, après cette longue étape de trente milles, arrivèrent à Melun, le pont était détruit; les habitants l'avaient coupé. Cela ne pouvait pas arrêter l'armée romaine, car les Gaulois avaient eu la négligence de laisser un grand nombre de grosses barques, qui servaient à transporter les marchandises, amarrées à la rive gauche. Labiénus en fit saisir une cinquantaine; on les joignit ensemble, et quelques cohortes passèrent sur la rive droite au moyen de ce pont de bateaux. Tout cela avait été si rapidement exécuté que les gens de Melun n'eurent pas le temps de se mettre en défense. Les Romains entrèrent dans la ville sans coup férir. D'ailleurs elle était désertée presque entièrement par la population mâle, qui avait couru depuis quelques jours se ranger sous l'étendard de Camulogène. Il n'y avait guère à Melun que les femmes, les enfants et les vieillards. Maître des deux rives du fleuve, Labiénus fit en toute hâte rétablir le pont, et le passage du gros de l'armée s'effectua rapidement. Après une nuit de repos, les Romains marchèrent de nouveau contre Lutèce, suivant cette fois la rive droite de la Seine. Labiénus, voyant combien ces barques lui avaient été utiles, et pensant qu'il pourrait s'en servir encore, soit pour le passage de la Marne, soit dans l'attaque même contre Lutèce, les fit monter par quelques manipules de légionnaires qui suivirent ainsi, en se laissant porter par le courant, le mouvement de l'armée.

Les Romains firent diligence, mais si rapide que fût leur marche, ils furent devancés de plusieurs heures par des Gaulois échappés de Melun. Ces hommes gagnèrent le camp de Camulogène, qui, craignant sans doute un retour offensif de l'ennemi, avait gardé sa position des bords de la Bièvre. Ils le prévinrent que l'armée romaine s'avançait contre Lutèce à marches forcées, après avoir passé la Seine à Melun. Ils ajoutèrent peut-être que le lieutenant de César amenait avec lui les bateaux qui avaient servi au passage de la Seine, et ils racontèrent avec quelle rapidité et quelle facilité ce passage s'était effectué. Ils avaient été très-étonnés de cette manœuvre, qui, comme on l'a justement remarqué, était tout simplement celle du pont de bateaux lancé par conversion à l'aide du courant.

L'ordre de Vercingétorix était, on se le rappelle, de brûler tout ce qu'on n'était pas assuré de pouvoir défendre. Camulogène, craignant de ne pouvoir défendre Lutèce avec succès, ordonna de l'incendier. Brûler Paris, ordre terrible! Les Bituriges n'avaient pu se résoudre à brûler Bourges; les Parisiens n'hésitèrent pas à brûler Paris. Comme ils donnaient leur sang, ils donnèrent leurs foyers, l'asile de leurs familles, les autels de leurs dieux pour le salut de la patrie commune. A peine l'ordre du brenn fut-il parvenu à Lutèce, que les femmes, les enfants et les vieillards, emportant ce qu'ils avaient de plus précieux, abandonnèrent leurs demeures et gagnèrent les collines et les bois du sud de Paris. D'autres montés sur des barques allèrent chercher un refuge à plusieurs milles en aval de Lutèce. Les ponts qui joignaient la ville à la rive droite et à la rive gauche furent coupés; et des propres mains de ses habitants, Lutèce tout entière fut livrée aux flammes. Seuls, les peuples encore à demi sauvages sont capables de tels actes qui inspirent autant d'horreur que d'admiration. Au temps de l'invasion des Perses, les Athéniens n'avaient pas voulu brûler Athènes, et jamais les Romains n'eussent même pensé à brûler Rome.

Cependant Labiénus continuait sa marche. Le soir, il campa à Créteil. On voit encore, dans la partie nord de la plaine, des traces d'anciens fossés ; les habitants désignent cet endroit sous le nom de camp de Labiénus. Quoique, de Créteil, le lieutenant de César eût peut-être vu les lueurs de l'incendie, il se remit en route le jour suivant, passa la Marne à l'aide de ses bateaux, au confluent de cette rivière avec la Seine, et vint établir son camp au bord du fleuve, vis-à-vis de la ville détruite. Vraisemblablement, le camp couvrait l'étendue de terrain occupé plus tard par l'Hôtel de ville et les places de l'Hôtel-de-Ville et du Châtelet. Il affectait, selon la méthode de la castramétation romaine, la forme d'un carré long ; la porte prétorienne faisait face à la Cité, la porte décumane sur l'emplacement actuel de la rue de Rivoli. Des vedettes étaient postées sur la rive, depuis le quai du Louvre jusqu'au quai des Célestins. Quelques manipules de légionnaires gardaient les bateaux amarrés à la grève. Dans cette position, Labiénus se trouvait juste en face de l'armée gauloise, car après avoir ordonné de mettre le feu à Lutèce, Camulogène avait quitté son camp de la Bièvre et avait établi ses troupes sur le bord de la Seine, vis-à-vis de la pointe orientale de la cité. Les premières lignes gau-

loises s'étendaient sur la rive gauche du fleuve, où
se trouvent aujourd'hui le quai Saint-Michel, le quai
Montebello, le quai de la Tournelle et les rues avoi-
sinant la place Maubert; les dernières lignes occupaient les crêtes de la montagne Sainte-Geneviève.

Les deux armées, ainsi en présence, étaient séparées par les deux bras du fleuve et par la ville incendiée. La position des belligérants était singulièrement
intervertie. Les Gaulois, qui devaient défendre la
ville et s'opposer au passage de l'ennemi sur la rive
droite, tenaient maintenant la rive gauche et avaient
Lutèce entre eux et les Romains, maîtres de la rive
droite. L'armée romaine, qui avait à s'emparer de
Lutèce et à passer sur la rive droite de la Seine,
semblait, maintenant qu'elle occupait cette rive et
que Lutèce était détruite, avoir accompli sa mission.
Toutefois les Romains n'en étaient pas moins menacés
par l'armée gauloise qu'ils n'avaient pas vaincue et
qui était campée à trois cents mètres d'eux. Malgré
les apparences, rien n'était changé quant au résultat
final des opérations. Mais Lutèce n'existait plus.

Il est permis de se demander si en ordonnant l'incendie de Lutèce, Camulogène n'agit pas avec trop
de précipitation. La question d'humanité même
écartée, n'eût-il pas mieux valu épargner la ville et
la défendre? La nouvelle position prise par le brenn
était certes bien choisie. Au cas où les Romains

auraient passé la Seine sur leurs bateaux, il leur eût fallu d'abord débarquer sous-les traits des Gaulois, puis culbuter les premières lignes, enfin escalader les pentes roides de la montagne Sainte-Geneviève pour chasser l'ennemi de ses derniers retranchements. Mais en coupant seulement les ponts qui joignaient Lutèce à la rive droite et en occupant la ville avec un tiers de son armée,.Camulogène n'eût-il pas été dans une position stratégique aussi bonne? En si mauvais état que fussent les défenses de l'oppidum, si faciles à brûler avec la torche et à renverser avec les béliers, les pics et les haches que fussent ces murs de torchis et ces toitures de chaume, on eût pu résister vigoureusement aux assaillants, qui auraient eu en même temps à opérer un débarquement et à donner un assaut. En admettant que les Gaulois eussent dû à un certain moment évacuer la ville attaquée par la rive droite de la Seine, ils auraient pu effectuer leur retraite sur la rive gauche, gardée par le gros des leurs, au moyen du pont qu'on aurait conservé et des nombreux bateaux de pêche des Parisiens. Arrivés sur la terre ferme, ils auraient repris leurs positions de la montagne Sainte-Geneviève pour y livrer un second combat aux Romains victorieux dans le premier. Il serait d'ailleurs bien osé, quand deux mille ans se sont écoulés, d'accuser un homme de guerre d'impéritie à l'occasion d'une affaire sur laquelle on n'a que de vagues données et des renseignements trop succincts. Peut-être Camulogène craignait-il que les troupes qu'il laisserait sur la rive gauche, alors qu'il s'enfermerait dans la ville avec l'autre partie de son armée, ne pussent pas maintenir le passage libre entre l'île et la rive? Peut-être redoutait-il d'être enveloppé par les Romains et coupé, en cas d'échec, de sa ligne de retraite?

Au reste, si les Gaulois abandonnaient la ville, ils n'abandonnaient pas le territoire. Camulogène avait ses raisons pour rester en arrière d'une position qu'il venait d'abandonner et qu'il semblait cependant continuer à vouloir défendre. Depuis plusieurs jours, le brenn attendait une armée de dix mille Bellovaques (peuple des environs de Beauvais, renommé dans toutes les Gaules pour sa valeur, selon le témoignage de César), en marche pour le joindre à Lutèce. Naturellement cette armée devait arriver par la rive droite. Or Labiénus, qui s'était aventuré sur cette rive, allait, lui et ses quatre légions, être attaqué à revers par l'armée des Bellovaques et de front par celle des confédérés parisiens, sénonais et aulerques.

Un jour au moins, trois au plus, se passèrent sans combat. Sur les deux rives s'observaient les éclaireurs ennemis; la ville incendiée n'était pas occupée. Gaulois et Romains gardaient leurs positions respectives sans engager d'action. Dans toute cette campagne, Camulogène avait pris la défensive ; il continuait à la garder, attendant pour passer la Seine et pour tomber sur l'ennemi, que celui-ci en fût aux mains avec les Bellovaques. Quant à Labiénus, encore qu'il eût grande envie de terminer son expédition en écrasant l'armée gauloise, il hésitait à tenter le passage du fleuve sous les coups plongeants de plus de vingt mille hommes.

Cette expectative ne pouvait cependant se prolonger. Labiénus voyait les périls de la situation, car de mauvaises nouvelles lui étaient parvenues. Le bruit courait dans toute la Celtique que César avait été contraint de lever le siège de Gergovie, défendue par Vercingétorix, et que les Éduens, ces fidèles et puissants alliés des Romains, avaient fait défection. On disait encore que le consul, inquiété dans sa retraite, ne pouvant passer la Loire, trouvant les chemins fermés, les champs dévastés, les villes brûlées, se retirait découragé vers la province romaine. Toute la Gaule armait, et les Bellovaques n'étaient peut-être qu'à quelques heures de marche de Lutèce. Ces nouvelles étaient sans doute exagérées ; mais comme Labiénus n'était pas à même de s'assurer de leur exactitude, son devoir de chef d'armée était de s'en inquiéter. Il jugea qu'il devait au plus vite quitter une position où il risquait d'être écrasé entre deux armées ennemies. A son sens, la pointe qu'il avait poussée au nord de la Celtique, si loin de la ligne d'opérations de César, devenait une imprudence, puisque son général en chef battait en retraite. Il comprit que, loin de chercher à faire des conquêtes, il devait songer à rejoindre à Agedincum ses réserves et ses bagages pour aller de là retrouver le consul, qui sans nul doute avait le plus grand besoin de concentrer toutes ses légions dans sa main. L'important pour les troupes de Labiénus était de passer la Seine incontinent, afin de mettre le fleuve entre elles et les Bellovaques, si ceux-ci arrivaient dans les environs de Lutèce. La difficulté était de franchir la Seine sans combattre. Si Labiénus eût simplement repris la route qu'il avait suivie pour venir, Camulogène eût remonté la Seine par la rive gauche pour lui disputer le passage à Melun. Le combat eût été différé, non évité. De plus, suivant la rive droite, Labiénus restait en pays ennemi; il était toujours menacé par les Bellovaques. Il fallait donc, coûte que coûte, traverser la Seine le plus promptement possible, et bataille pour bataille, mieux valait combattre avant que l'ennemi ne reçût des renforts. Le passage de vive force, en plein jour, sous les traits des Gaulois, eût été folie; Labiénus eut recours à un stratagème.

A la nuit tombante, le général réunit dans sa

tente les tribuns, les centurions et un certain nombre de chevaliers. Il leur dévoile une partie de son
plan, et leur donne ses ordres. Vers la fin de la
première veille (neuf heures du, soir), les chevaliers
devront monter à bord des bateaux amenés de
Melun, et descendre le fleuve dans le plus grand
silence jusqu'à une distance de quatre milles. Là ils
s'arrêteront et attendront Labiénus. Cinq cohortes
de légionnaires partiront du camp à la même heure
avec les bagages et remonteront la rive droite
de la Seine, tandis que quelques soldats, montés
sur des embarcations appartenant aux Parisiens,
qu'on a trouvées sur la grève, navigueront dans la
même direction, en ayant soin de faire le plus de
bruit possible avec leurs armes, leurs avirons et leurs
cris. Afin de mieux tromper l'ennemi, le camp ne
doit pas être levé; il sera gardé par les cinq autres
cohortes de cette légion, choisies parmi celles que le
général a jugées les moins vaillantes et les moins
exercées.

Quand ces ordres furent exécutés, Labiénus fit
prendre les armes aux trois légions qui lui restaient, et, se plaçant à leur tête, il se mit en marche
pour se rendre à l'endroit où il avait ordonné aux
chevaliers de s'arrêter. Les légions suivirent le bord
de la Seine, se frayèrent passage à travers les bois qui
couvraient alors la région du Louvre, des Tuileries,

des Champs-Élysées et du cours la Reine, et parvinrent sous les buttes de Passy, à peu près à la hauteur actuelle du pont de Grenelle. C'est du moins là, à ce qu'il semble, que les chevaliers s'étaient arrêtés; car, s'ils étaient descendus plus bas, c'est qu'ils n'auraient pas tenu compte des ordres de Labiénus, qui leur avait ordonné de l'attendre à quatre milles (5,890 mètres) du point où ils étaient partis. Or, du quai de l'Hôtel de Ville au pont de Grenelle, le cours de la Seine a tout juste 6 kilomètres, selon la carte de l'état-major. Labiénus rejoignit la flottille des chevaliers environ deux heures avant le lever du jour. Des vedettes gauloises gardaient la rive gauche, mais grâce à un violent orage qui éclata alors, quelques légionnaires purent aborder en barque sans être aperçus. Les sentinelles gauloises furent presque toutes égorgées; les autres prirent la fuite. En peu de temps, on établit le pont de bateaux et le passage du fleuve s'opéra rapidement. Les roses clartés de l'aurore ne teignaient pas encore l'horizon que déjà les trois légions avaient atteint la rive gauche.

IV

Pendant la nuit, les éclaireurs gaulois postés sur le bord de la Seine, en amont et en aval de Lutèce, s'étaient inquiétés de tous ces mouvements de l'en-

15.

nemi. Ils les signalèrent à Camulogène qui, apprenant qu'une partie des troupes romaines remontaient la Seine, tandis qu'un autre corps la descendait, et qu'un troisième restait dans le camp, jugea que l'armée romaine, résolue à la retraite, allait passer le fleuve sur trois points à la fois.

Afin de déjouer les projets de l'ennemi, le brenn divisa lui-même son armée en trois corps. Il en laissa un pour la garde du camp; il ordonna au second, le plus faible comme effectif, de remonter la rive gauche de la Seine en s'avançant au bruit des bateaux, et d'observer les troupes ennemies qui se dirigeaient en amont de Lutèce; le troisième corps, commandé par Camulogène en personne, descendit les bords du fleuve à la rencontre du corps romain qui marchait dans cette direction.

Camulogène se laissait prendre au stratagème de Labiénus, mais plus d'un général s'y fût laissé prendre aussi. Toutefois, peut-être, les dispositions de Camulogène ne furent-elles pas dignes de sa réputation d'habile homme de guerre. Ne pouvait-il pas craindre une ou deux fausses attaques sur deux points différents, tandis que le gros de l'armée ennemie passerait sur un autre point et viendrait prendre en flanc ou en queue les trois corps gaulois échelonnés? En admettant même que Labiénus eût effectivement divisé ses troupes en trois corps égaux, le Gaulois ne devait-il

pas profiter de cette faute et écraser successivement
avec toutes ses forces réunies les Romains divisés?
L'important, après tout, n'était pas d'empêcher les
légions de passer le fleuve; c'était bien plutôt de les
y rejeter toutes après qu'elles l'auraient eu passé.
Pour cela, Camulogène n'avait qu'à demeurer dans
sa position jusqu'au moment où le mouvement de
l'ennemi se dessinerait nettement. Si les Romains
passaient en amont de Lutèce, il les devançait en se
portant rapidement par les pentes orientales de la
montagne Sainte-Geneviève et de la Maison-Blanche
au point où ils auraient établi leur pont. S'ils passaient à la pointe de Lutèce, il les attendait dans la
position qu'il occupait depuis trois jours. Si, enfin, ils
passaient en aval de la ville, il pouvait encore conserver cette position, tout en faisant exécuter un
changement de front à ses troupes et en disposant sa
ligne de bataille perpendiculairement à la Seine; car
il avait bien des raisons de croire que les Romains,
pour regagner Melun, remonteraient le cours du
fleuve et ne marcheraient pas à l'aventure par les
hauteurs et les bois de Vaugirard, de Montrouge, de
Vanves, de Gentilly et d'Ivry. Il semble donc que le
brenn commit une double faute stratégique en mar-
chant seulement avec le tiers de son armée, immo-
bilisant les deux autres, contre le gros des forces
romaines, et en quittant la position qu'il avait choisie

lui-même pour aller offrir le combat à l'ennemi dans une position choisie par celui-ci.

Sans doute Camulogène espérait arriver en présence des Romains avant qu'ils eussent achevé d'effectuer le passage du fleuve; il pensait les surprendre par une attaque rapide alors qu'ils seraient encore en désordre. Mais quand les têtes de colonnes gauloises furent parvenues à la hauteur du second coude de la Seine (point qui se trouve aujourd'hui entre le pont de l'Alma et le pont d'Iéna), Camulogène aperçut devant lui toute l'armée romaine déjà rangée en ordre de bataille. Chacun était à son poste. Les légionnaires, couverts du sagum roux et de la cuirasse à boucles, coiffés du casque de bronze à mentonnière et à aigrette, attendaient le signal de l'attaque, le lourd pilum à la main droite et le grand bouclier oblong, haut de quatre pieds, passé au bras gauche. Ils étaient sur trois lignes, de dix, de sept et de cinq hommes de profondeur; car si, depuis l'époque de Marius, on avait renoncé à l'ancienne division des légionnaires en primaires, en hastaires et en triaires, on employait encore généralement l'ordre de bataille sur trois lignes. Au premier rang des soldats brillait l'aigle d'argent de la légion et flottaient les guidons rouges des cohortes, portés par des vétérans aux casques recouverts de têtes de lions et de loups. Sur les ailes de l'armée, quelques escadrons de cavalerie, réunis sous leurs étendards bleus, se tenaient prêts à charger. Des groupes de frondeurs auxiliaires et de vélites, armés de javelots légers, formaient comme un rideau de tirailleurs devant le front des légions. Le général, couvert de son ample paludamentum blanc, passait dans les intervalles des cohortes, donnant les derniers ordres aux tribuns et aux centurions, reconnaissables à leurs ceps de vigne et aux cimiers empanachés de leurs casques.

Quoique Camulogène comprît alors que, dupe du stratagème de Labiénus, il allait avoir à combattre toute l'armée romaine avec une grande infériorité numérique, il n'hésita pas à engager l'action. Il comptait pour vaincre sur l'impétuosité des Gaulois dans une première attaque. D'ailleurs, comme le remarque César, « les Celtes, pleins d'élan et de courage, ne reculaient jamais ni devant le nombre, ni devant la position, si formidable qu'elle fût ». Strabon a dit aussi : « Les Gaulois sont toujours prêts à accepter le combat, quels que soient le nombre et la position de leurs ennemis. » Le brenn commanda de marcher à l'ennemi. Cavaliers et fantassins se précipitèrent en masses profondes contre les Romains. A la vue de ce tourbillon d'hommes aux blondes chevelures flottantes, aux armes étranges et aux costumes éclatants tout bariolés de couleurs, Labiénus passa rapidement devant le front de ses troupes pour les exhorter à rester dignes du nom romain. Il leur dit de se rappeler leur antique valeur et tant de glorieux succès, et « de se croire encore sous les yeux de César, qui si souvent les a menés à la victoire ». Après cette brève harangue, il fit sonner par les trompettes les trois fanfares du combat.

Le choc des armées fut terrible. Les Gaulois s'élancèrent avec une furie irrésistible contre les légions romaines, malgré la grêle de javelots, de pilums et de pierres qui les accueillit. Les traits tombaient si dru que plusieurs Gaulois avaient leurs boucliers cloués les uns aux autres par des javelots qui les avaient transpercés du même coup. Ils jetaient leurs boucliers et marchaient à découvert. Ainsi au siège d'Avaricum, un Gaulois qui lançait du haut d'une tour des boules de suif emflammées sur l'ennemi ayant été tué, fut successivement remplacé à son poste par six autres Gaulois, qui tous y trouvèrent la mort; ainsi à la bataille de Paris, aux rangs tombés succédaient d'autres rangs. Le vieux Camulogène, à cheval à la tête de ses troupes, les entraînait au combat. Enfin, on en vint au corps à corps, les épées furent tirées des fourreaux. Les Romains frappaient de la pointe, les Gaulois frappaient du tranchant [1] : le sang coulait à

1. Les épées gauloises, dit Strabon, extraordinairement longues. n'étaient point affilées de la pointe et les Gaulois ne

grands flots des poitrines trouées et des chairs tailladées.

Comme dans tous les combats de l'antiquité, où les soldats étaient protégés par le bouclier, des deux côtés l'aile droite des armées eut d'abord l'avantage. Sous les réticences de César, qui parle de l'issue incertaine de l'affaire, on n'a pas de peine à découvrir que la XIIᵉ légion, formant l'aile gauche, faiblit à l'attaque furieuse des Gaulois. Labiénus s'était porté à cette légion, de sorte que, Camulogène commandant l'aile droite de son armée, les deux chefs se trouvaient du même côté du champ de bataille. L'action était si vive que les généraux, pris dans la mêlée et combattant comme de simples soldats, ne songèrent plus à donner d'ordres. Camulogène aurait pu dépêcher un cavalier pour appeler le corps gaulois immobilisé dans le camp de Lutèce. Labiénus

frappaient que du tranchant. — Des fouilles, exécutées sous le patronage de la Commission de la topographie des Gaules, ont exhumé plusieurs de ces épées gauloises tout à fait conformes aux descriptions des auteurs anciens. — On conçoit par là l'infériorité des Gaulois sur les Romains dans les combats corps à corps. Qu'on se rappelle le titre d'un chapitre de Végèce : *qu'il faut apprendre aux soldats à frapper de la pointe et non du tranchant.* « Les coups tranchants, dit-il, quelque vigoureux qu'ils soient, sont rarement mortels, puisque les armes défensives et les os préservent les organes nécessaires à la vie. La pointe, au contraire, pour peu qu'elle pénètre de deux pouces (*duas uncias adacta*), est mortelle; de plus, on ne peut frapper de taille sans se découvrir, tandis qu'on reste tout à fait couvert en frappant de la pointe. » Végèce a posé ici les principes fondamentaux de l'escrime.

eût pu faire charger sa légion laissée en réserve; car il semble que le lieutenant de César n'avait placé en ligne que deux de ses légions, la viie à l'aile droite et la xiie à l'aile gauche. Sa troisième légion était en réserve, assez loin en arrière des combattants. Elle devait empêcher un mouvement tournant qu'aurait pu tenter une division gauloise, descendant des hauteurs de Vaugirard, pour prendre pendant la bataille les Romains à revers. Malheureusement pour les Gaulois, tandis que leur aile droite avait le dessus et refoulait les cohortes ennemies, leur aile gauche, qui attaquait la viie légion, se brisait contre les rangs des Romains et lâchait pied en désordre. Au lieu d'aller vainement à la poursuite des fuyards, les tribuns de cette légion voyant la situation critique de Labiénus, se rabattirent par un mouvement de conversion sur l'aile gauche de l'armée, et vinrent charger en queue les Gaulois presque victorieux. Inespérément secourue, la xiie légion, celle qui devait s'appeler plus tard la *Fulminante*, reprend l'offensive; en même temps sans doute arrivent les réserves romaines.

Les Gaulois se sentent perdus; mais « aucun, dit César, ne songe à la fuite ». Beaucoup d'entre eux, se dépouillant de leur sagum rayé, se mettent nu jusqu'à la ceinture; c'était la coutume de leurs pères quand ils étaient résolus à vaincre ou à mourir. Attaqués de front, de flancs et à revers, ils sont bientôt enveloppés dans un cercle de fer. Les Gaulois étaient d'ailleurs mal armés. Leurs boucliers trop étroits les protégeaient fort peu ; leurs longues épées se faussaient facilement. Après en avoir porté quelques coups, ils étaient contraints d'en passer la lame sous le pied pour la redresser. Pendant ce temps leurs adversaires les égorgeaient. Bientôt les Gaulois qui étaient une armée ne sont plus qu'une poignée d'hommes. Intrépides devant une mort certaine, ils combattent avec la fureur du désespoir. Les derniers survivants se défendirent longtemps encore derrière un rempart fait des cadavres amoncelés de leurs ennemis et de leurs compagnons d'armes. Tous furent tués. Camulogène combattit et mourut en héros.

On conçoit qu'à cette époque on ne pouvait pas marcher au canon. Aussi le chef gaulois qui commandait le corps d'armée laissé devant Lutèce ignorait-il qu'une aussi terrible bataille se livrât à quatre milles de son camp. Sans doute, s'il fût arrivé avec ses troupes fraîches au moment où la xii° légion faiblissait et où les Gaulois tenaient encore tête à la vii° légion, il eût décidé de la victoire et jeté tous les Romains dans la Seine. Il fut cependant averti de ce qui se passait, probablement par quelque cavalier qui avait pris la fuite lors de l'attaque de la vii° légion. Il se mit aussitôt en marche, et pour gagner du temps, sachant que la bataille avait lieu dans la plaine de Grenelle, au lieu de suivre la Seine, il passa par les hauteurs boisées dont tous les chemins lui étaient connus, occupées aujourd'hui par les quartiers du Luxembourg et des Invalides, et atteignit les pentes nord-ouest de Vaugirard. De là il dominait le lieu de l'action. Mais ces renforts venaient trop tard. Le champ de bataille n'était plus qu'un champ de carnage; on ne combattait plus, on mourait et on massacrait. Les Romains, animés par le succès, chargèrent impétueusement ces nouvelles troupes qui, se sentant vaincues avant d'en être venues aux mains, se débandèrent au premier choc et s'enfuirent en désordre. Tous ceux qui ne purent se réfugier à temps dans les bois furent impitoyablement sabrés par la cavalerie légionnaire.

Bien que victorieux, Labiénus ne songea pas à établir son camp sur les positions conquises. Il craignait avec raison l'armée des Bellovaques qui, en effet, dut arriver sur le territoire parisien le lendemain de la bataille; mais qui, apprenant le sort des troupes de Camulogène, et sachant l'avance que les Romains avaient sur elle, n'inquiéta pas leur retraite. Il en fut de même du petit corps gaulois envoyé la nuit précédente par Camulogène en amont de Lutèce. Avertis du désastre des confédérés gaulois, les hommes qui le composaient se sauvèrent dans les bois sans tenter de disputer le passage aux Romains. Aussitôt après le combat, Labiénus rassembla ses légions et gagna la plaine de Vitry, où le rejoignirent les cinq cohortes qu'il avaient laissées devant Lutèce pour garder le camp, et les cinq autres cohortes de la même légion qui avaient remonté la Seine par la rive droite, vraisemblablement jusqu'au confluent de la Marne. De Vitry, l'armée romaine se dirigea à marches forcées sur Agedincum (Sens). Là, on chargea les bagages et on incorpora les recrues; puis les quatre légions prirent la route du centre de la Gaule pour y opérer leur jonction avec l'armée de César.

L'expédition de Labiénus contre les Parisiens s'était terminée par une victoire. Mais la bataille avait été sanglante et longtemps indécise. C'était d'ailleurs une victoire stérile, puisque l'armée romaine n'avait combattu que pour battre en retraite. Labiénus était venu afin d'écraser la ligue de la Celtique du Nord, et il n'avait pas même osé rester trois jours sur la rive droite de la Seine. Il avait tué un grand nombre de Gaulois, mais il avait perdu ses meilleurs légionnaires; or, il était plus facile d'armer des Gaulois que de faire venir des cohortes de Rome. Les Romains avaient vaincu Camulogène, mais ils fuyaient devant les Bellovaques; les flammes avaient détruit

Lutèce, mais les vétérans de César n'avaient pas planté sur les ruines fumantes de la ville leur aigle victorieuse. Les Parisiens avaient bien mérité de la patrie : ne pouvant défendre leur ville, ils l'avaient brûlée ; ne pouvant vaincre, ils étaient morts.

Octobre — décembre 1874.

XII

GERMAINS ET ALLEMANDS

En vieillissant, les races se modifient; elles s'altèrent ou elles s'améliorent. Elles ne se métamorphosent point. Elles conservent leur nature initiale, elles portent toujours la même caractérisque. Par bien des traits de ressemblance, le Grec du temps de Démosthène et le Romain du temps d'Auguste se retrouvent aujourd'hui à Athènes et à Rome. Nous-mêmes, nous sentons sans cesse dans nos veines les révoltes du sang gallo-romain contre le sang germanique qui s'y est infusé par la conquête. Ne nous reconnaissons-nous pas dans ces Gaulois de Strabon : « race folle de guerre, toujours portée à aller à la défense de ceux qu'on opprime, » et dans ces Celtes de César : « hommes aimant les vains tumultes, avides de nouveautés, légers de caractère, aussi prompts à espérer que faciles à décourager, vaillants jusqu'à la folie et engageant les combats à l'aventure. » Chez les Allemands, cette race qui, loin de subir les colonisations étrangères, s'est répandue sur le monde, méritant ainsi le nom que lui donne Jornandès : *officina gentium*, fabrique de nations, le caractère primitif a dû varier moins encore. Aussi n'est-il pas sans intérêt d'interroger les auteurs anciens sur les ancêtres de nos vainqueurs. On gagne à bien connaître ses ennemis.

César, Tacite, ont longuement parlé des Germains. Ce sont là deux témoins qui ont droit d'être entendus. Que Tacite, d'ailleurs, en écrivant *la Germanie*, voulût faire connaître à ses concitoyens les puissants ennemis dont ils avaient tant à redouter, ou qu'il eût le dessein, par le tableau des mœurs primitives des Barbares, de ramener aux antiques vertus les Romains de l'époque impériale, la question, si souvent posée et non encore résolue, importe peu, car ce petit livre, aussi admirable au point de vue littéraire que précieux au point de vue historique, n'en est pas moins la base de l'histoire moderne.

Sous la dénomination de *Germains*, César et Tacite comprenaient les peuples qui habitaient ce vaste territoire borné à l'ouest par le Rhin, au nord par la mer du Nord, au sud par le Mein et le Danube, à l'est par la Pannonie, la Sarmatie, la Dacie et les

páys non connus alors des Goths, des Teutons, des
Semnones, des Longobards et des Vandales. Ces derniers, les Vandales, habitaient les contrées qui
s'étendent vers la mer Baltique, l'Elbe, l'Oder et la
Vistule. Le pays des Vandales correspond ainsi à
peu près exactement à la Poméranie et au duché
de Brandebourg, le berceau de la Prusse. Les Prussiens descendent donc directement des Vandales,
les plus sauvages et les plus féroces des tribus ger-
maines. « Les Vandales, dit Jornandès, aiment à
détruire pour détruire. » On sait que Rome qui
avait trouvé grâce devant Attila fut quinze jours
durant livrée au pillage par le Vandale Genséric.
Lors de la grande invasion des Gaules de 406, les
pays que traversèrent les Vandales furent littérale-
ment dévastés et dépeuplés. En agissant ainsi, les
Vandales qui n'étaient pourtant pas des Germains
purs, montraient leur affinité de race avec les Germains, dont César dit : « Leur suprême gloire est
d'avoir autour d'eux des pays dévastés ». L'état de
la civilisation et du droit de la guerre ne permettent
plus aux Vandales d'appliquer leur principe de dé-
vastation dans toute sa rigueur aussi souvent qu'ils
le voudraient. Toutefois, quand ils procèdent à cette
application, il le font de manière à contenter les
mânes de Genséric. La France en atteste les ruines
de Saint-Cloud, ville ouverte d'où n'était pas parti

un coup de feu et qui fut brûlée en plein armistice.

César remarque une grande différence entre les Gaulois et les Germains. Le Romain, qui représente la civilisation, constate cependant la distance qui sépare ces deux barbaries. Il nous montre les Gaules organisées en une multitude de fédérations se rattachant à deux grandes fédérations et dont les chefs sont élus parmi les plus nobles et les plus vaillants. Les Gaulois sont divisés en trois castes : les druides, les guerriers, le peuple, pasteur et agriculteur. Les Gaulois sont très religieux, et même superstitieux. Leurs prêtres, qui ont une grande influence dans les conseils de la nation, sont fort instruits. Ils mettent vingt ans à apprendre les mystères de la religion, et les sciences géographiques, astronomiques, physiques et militaires, qu'ils enseignent alors aux Gaulois de la classe noble. Quand ils écrivent, ils se servent de l'alphabet grec. Le principe de la religion est élevé. Les druides professent le dogme de l'immortalité de l'âme, la doctrine des peines futures. On connaît de leur droit civil que les hommes en se mariant mettent en communauté, avec la somme d'argent qu'ils reçoivent de la femme à titre de dot, une somme égale à cette dot; le survivant touche cette part commune. Les Gaulois sont actifs et industrieux, ils savent travailler les métaux. Leur pays est riche et bien cultivé.

Les Germains n'ont ni prêtres, ni doctrine religieuse. Ils adorent, comme les plus sauvages, les astres et les éléments sans les personnifier : le soleil, le feu, la lune. Toute leur vie se passe à la chasse. Ils n'ont pas d'industrie. Ils se couvrent de peaux de bêtes. — Tacite dit aussi qu'on voit peu de cuirasses dans leur armée, à peine un ou deux casques. — Ils n'ont pas d'agriculture, et se nourrissent de lait, de fromage et de chair. Ils vivent dans la communauté des biens. Tous les ans, les chefs assignent à chaque famille vivant en commun une certaine étendue de terrain, et, l'année suivante, ils l'obligent à passer ailleurs. La raison de cette coutume est qu'on craindrait que les travaux des champs et le bien-être qui accompagne l'agriculture ne détournassent les Germains de l'amour de la guerre. Les Germains ont donc, pour unique mission sur terre, la guerre. C'est d'ailleurs ce que dit l'étymologie de leur nom : *Germains*, hommes de guerre. Du reste, aux yeux des Romains, les contrées incultes de la Germanie ne semblaient pas faites pour l'agriculture. Tacite, pour prouver que les Germains sont d'une race autocthone, dit que leur pays est si désolé et si sauvage qu'aucune peuplade n'aurait voulu s'y établir.

On voit par ce parallèle qu'au temps de César la Gaule, connaissant l'abondance et le luxe à cause des importations maritimes et de ses relations avec les Romains, touchait au déclin d'une civilisation relativement avancée, tandis que la Germanie était encore en pleine barbarie. En 1700, un historien impartial comme César eût constaté une différence au moins analogue entre le royaume de France, qui avait déjà douze siècles d'existence de nation et le grand-duché de Brandebourg, vassal de la Pologne jusqu'en 1620 et qui n'avait jusqu'alors marqué dans l'histoire que comme le théâtre des luttes de l'ordre Teutonique contre la Pologne et des Impériaux contre les Suédois.

César a un mot topique sur les Germains : « *Latrocinia nullam habent infamiam*, ils n'ont aucune honte à piller. » Il ajoute qu' « ils reçoivent chez eux des marchands moins pour rien acheter que pour vendre le produit du pillage ». Ceci, d'ailleurs, n'apprend rien aux paysans français de 1870, sinon que les Prussiens sont bien des Germains. Tels ils étaient l'an 700 de Rome, tels ils sont l'an 1870 du Christ. Tels ils étaient aussi en 1814. Pour les armées de Frédéric-Charles et de Von der Thann, nous avons nos yeux qui témoignent; pour l'armée de Blücher, nous avons les souvenirs de nos grands-pères et le témoignage de Sismondi. « Les

Prussiens surtout, dit-il dans ses lettres, semblent prendre à tâche d'anéantir la France. Ils
écrasent le pays avec la ferme intention qu'il ne
puisse jamais se relever. Il y a plus de huit jours
qu'ils sont entrés dans Paris; mais le pillage de tous
les villages environnants ne continue pas moins. Il
n'y a aucune horreur qu'ils ne commettent. Tout ce
qu'ils ne peuvent pas emporter, ils le détruisent;
lorsqu'ils prennent 50 écus, ils font pour 10,000 écus
de dommage. Ils jettent par les fenêtres tous les
livres des bibliothèques. Ils cassent toutes les glaces;
dans les fermes, ils mettent le feu aux fourrages et
aux provisions de blé qu'ils ne consomment pas, et
quand on porte plainte au maréchal Blücher, il répond : — « Quoi ! ils n'ont fait que cela ! Allez, ils
auraient dû faire davantage encore. » Ne dirait-on
pas entendre l'écho de la voix de Genséric? »

Tacite complète César sans le rectifier. Où l'homme
de guerre n'a fait que dessiner à grands traits, l'administrateur peint dans tous les détails. Mais le modèle
n'a pas changé en un siècle, et les deux maîtres se
rencontrent dans le même portrait. « Les Germains,
dit Tacite, ont tous le même air de famille. Leurs
yeux sont bleus et farouches, leurs cheveux roux.
Quoique d'une haute stature et vigoureux, ils suppor-
tent mal la soif et la chaleur. Mais leur climat et la
nature ingrate de leur sol les ont accoutumés à la

faim et au froid. Des troupeaux sont leur seule richesse. Leur boisson est une liqueur faite d'orge et de froment, à laquelle la fermentation donne quelque rapport avec le vin. Les tribus voisines du fleuve (le Rhin) achètent aussi du vin (sans doute aux Gaulois de la rive gauche). Passer la journée et la nuit entières à boire, n'est une honte pour personne. Les Germains apaisent leur faim avec des mets grossiers, n'estimant ni les apprêts, ni les raffinements. Si on encourageait leur penchant à l'ivresse en leur fournissant tout ce qu'ils voudraient, on les vaincrait non moins facilement par leurs vices que par les armes. Il éclate souvent entre eux des différends qui se bornent rarement aux paroles et qui s'achèvent le plus souvent par des meurtres. » Le prince de Bismarck ne donnerait pas tort à ses aïeux, lui qui émettait, en principe, à un de ses premiers discours au Reichstag, que « les questions ne doivent pas être décidées par des paroles, mais par le fer et par le sang ».

« Les Germains, dit encore Tacite, sont braves. Mais reculer pour revenir à la charge leur semble ruse et prudence et non lâcheté. Ce qui est une infamie qui déshonore la vie entière, c'est de se retirer du combat sans le chef. Le suivre partout, le défendre, se faire tuer pour lui, rapporter ses propres exploits à sa gloire, tel est le premier serment de tout guerrier ». C'est à peu près le serment que les Bavarois et les autres alliés de la Prusse ont fait en 1870. Ne se sont-ils pas fait tuer véritablement « pour le roi de Prusse », comme on dit, et n'ont-ils pas rapporté leurs propres exploits à la gloire d'un Hohenzollern ?

Même en parlant des Barbares, Tacite n'est jamais aveuglé par la partialité romaine. S'il signale les vices des Germains, il se plait à constater leurs vertus. « Ce n'est que tard, dit-il, que les jeunes gens connaissent l'amour. Aussi leur jeunesse se conserve-t-elle longtemps. On ne marie pas non plus les jeunes filles de trop bonne heure. Les deux sexes également jeunes, également vigoureux, s'unissent assortis et robustes, et les enfants héritent de la vigueur de leurs parents. Les mariages sont chastes. On considère comme un crime de limiter le nombre de ses enfants. D'ailleurs plus grand est le nombre de ses enfants, de ses parents, de ses alliés, plus le Germain est honoré. Il n'y aurait aucun avantage pour lui à être sans famille. »

Ne retrouve-t-on pas dans les Germains de César et de Tacite, les traits distinctifs de la race allemande, serve, belliqueuse et politique, telle que la dernière guerre nous l'a révélée : la chasteté, l'amour de la famille, le respect et le dévouement pour le chef, la gloutonnerie sauvage, l'idée de pillage touours mêlée à l'idée de guerre et l'idée de force toujours mêlée à l'idée de droit [1], le goût des armes, la bravoure, mais la ruse et la prudence dans la tactique.

Les Allemands, — Germains, Vandales, Teutons, Prussiens — ont toujours eu la prétention d'être les régénérateurs des nations qu'ils ont envahies. Ils se prennent de bonne foi pour les missionnaires armés de la civilisation, à peu près comme Attila se croyait l'envoyé de Dieu. Mais la torche qui incendie n'est pas le flambeau qui éclaire. Au ve siècle, il y avait encore assez de séve jeune et vigoureuse dans le sang gaulois pour qu'il n'eût pas besoin d'être régénéré par celui des sauvages de la forêt Hercynienne. « L'invasion, a dit justement M. Littré, n'a causé que des maux sans compensation. Nulle lumière, nulle moralité, nulle sainteté, n'est venue des Barbares. Le sang barbare n'a pas renouvelé le sang romain, au contraire. » Qu'est-ce en effet que le moyen âge, la plus sinistre époque de l'histoire, la nuit qui se fait sur le monde, l'humanité enfermée dans une monstrueuse gehenne? C'est le triomphe du génie germanique. Qu'est-ce au contraire que la Renaissance? C'est la renaissance du génie gréco-latin avec sa lumière et sa liberté. Si nous étudions la

1. ...*Stipendium capere jure belli, quod victores victis imponere consuerint.* (Lettre d'Arioviste à César.)

France dans son histoire, dans ses institutions, dans ses mœurs, dans son esprit et dans son caractère, nous n'y trouvons aucune trace durable de l'influence germanique. Le peu qu'il en restait a été balayé en 89. Rome a latinisé la Gaule en moins d'un siècle. En plus de six siècles, — car jusqu'aux Croisades qui ouvrent de nouveaux horizons, la France est purement germaine par les institutions, mais non pas par l'esprit, — les Germains n'ont pas réussi à la germaniser. La France est la dernière des grandes races latines. Elle vivra ou elle mourra avec les vertus et les vices des races latines. Ce sera peut-être sa perte prochaine, mais ce sera son honneur éternel.

Il est facile d'accuser César et Tacite, en leur qualité d'ennemis des Germains, de les avoir calomniés. Mais ces deux grands génies ne sont point les seuls qui aient médit des Allemands. Que dire, par exemple, du portrait que trace des Prussiens un de leurs rois, Frédéric le Grand? « Tout ce que je puis dire d'assez certain c'est que, en général, mes sujets sont braves et fiers, peu friands mais ivrognes, tyrans dans leurs terres et esclaves à mon service, amants insipides et maris bourrus; d'un grand sang-froid, que je tiens au fond pour de la bêtise; peu savants dans le droit, peu philosophes, moins poètes et encore moins orateurs; affectant une grande simplicité dans la parure, mais

se tenant pour bien mis avec une petite boucle aux
cheveux et un grand chapeau, des manchettes d'une
aune, des bottes jusqu'à la ceinture, une petite
canne, un habit très court et une veste fort longue. »

Dix-huit siècles après Tacite, un siècle après
Frédéric, voici ce que disait des Prussiens un poète
et un penseur, qui, bien qu'Allemand, se fût cru
insulté d'être appelé Prussien : « C'est toujours le
même peuple de pantins pédants, c'est toujours le
même angle droit à chaque mouvement, et sur le
visage la même suffisance glacée et stéréotypée.
Ils se promènent toujours aussi roides, aussi guindés,
aussi étriqués qu'autrefois, et droits comme un I;
on dirait qu'ils ont avalé le bâton de caporal dont
on les rossait jadis. L'instrument de la schlague n'est
pas entièrement disparu chez les Prussiens : ils le
portent maintenant à l'intérieur. » Ceci n'est que la
boutade de l'humoriste; voici le jugement du penseur : « Il est vrai que naguère beaucoup d'amis de
la patrie ont souhaité l'agrandissement de la Prusse
et espéré voir dans ses rois les chefs d'une Allemagne
une et indivisible. Pour moi je ne pourrais me fier
à cette Prusse, bigot et long héros en guêtres, glouton, vantard, avec son bâton de caporal qu'il trempe
dans l'eau bénite avant de frapper. Elle me déplai-
rait cette nation philosophe, chrétienne et solda-
tesque; cette mixture de bière blanche, de mensonge

et de sable de Brandebourg. Elle me répugne cette Prusse hypocrite, avec ses semblants de sainteté, ce Tartuffe entre les États. » Dans cette page, le poète a été un prophète. Mais c'était la voix dans le désert.

C'est que, sauf la Prusse, qui a toujours été pauvre, rapace et belliqueuse, les Allemands se sont endormis un siècle dans les rêveries métaphysiques. La spéculation avait chez eux remplacé l'action. On voyait le peuple allemand à travers le prisme de la poésie de Goëthe. On eût volontiers personnifié l'Allemagne par la figure de Marguerite. On croyait n'avoir plus rien à craindre des arrière-neveux d'Arminius, car on pensait avec Wolfrang Menzel, « qu'ils avaient quitté le bouclier pour le pupitre et que l'aigle du blason teutonique serait avantageusement remplacée par une oie ».

Les premières détonations des canons Krupp ont fait s'évanouir ces illusions funestes. Le peuple de rêveurs s'est fait peuple de soldats. Werther est devenu colonel d'artillerie; il pointe ses pièces sur la flèche de la cathédrale de Strasbourg ou sur le drapeau à croix rouge des ambulances, quand il ne préside pas aux réquisitions draconiennes ou aux déménagements méthodiques des châteaux et des villas. Pour la sentimentale Charlotte, elle écrit à son amant « de ne pas manquer de lui rapporter des boucles d'oreilles, quand on pillera [1] ». L'Allemand aujourd'hui, c'est le citoyen fait soldat et le soldat fait forban de par la discipline. Il est prêt à tous les efforts quand il se sent sous l'œil de son chef, capable de toutes les défaillances, s'il est livré à lui-même. Pillard, glouton, ivrogne, brutal, roide de morgue quand il n'est pas roide de vin, il est fanfaron comme le *Miles gloriosus* de Plaute, positif comme le Sancho de Cervantès, pratique comme un héros de Balzac. Sous les armes d'ailleurs, c'est un soldat admirable, mais plus brave que vaillant et plus hardi qu'héroïque [2]. Convaincu, lorsqu'il massacre, qu'il accomplit œuvre pie, commettant les plus abominables forfaits avec la sérénité au front et la lourde plaisanterie tudesque à la bouche, concentrant les forces vives de son esprit non plus sur les spéculations métaphysiques et sur les subtilités scolastiques, mais sur la science exacte de la tactique, trouvant comme le dit Sybel que « le sang a une saveur et une force tout à fait spéciales : *blut ein ganz beson-*

---

1. Lettre trouvée sur le cadavre d'un soldat allemand et publiée dans le *Journal officiel*, n° du 18 décembre 1870.

2. Les auteurs anciens, César, Strabon, Tacite font la différence entre le courage des Germains qui « ne laissent rien à l'imprévu, n'ont pas de honte à reculer et ne se sacrifient jamais en vain », et celui des Gaulois « toujours prêts à attaquer, quels que soient le nombre et la position de leurs ennemis », « race folle de guerre qui prend la témérité pour le courage ».

derer saft ist, » c'est le plus bel instrument de carnage qu'on puisse imaginer.

César qui dit que les Germains sont braves et féroces, Strabon qui signale leur esprit sanguinaire, Tacite qui assure que « l'espoir du butin leur fait tout supporter, *cupidine prædæ adversa tolerant* », Froissart qui appelle les Allemands « *gens moult convoiteux* » montrent que dans le tempérament et dans le caractère de la race allemande il y avait tous les éléments constitutifs de cette machine à conquêtes. Ce qu'il fallait, c'était réunir ces divers éléments et en former un tout. C'était briser les enclaves des royaumes et des duchés, et des Silésiens, des Poméraniens, des Bavarois, des Saxons, des Badois, des Wurtembergeois faire le peuple allemand. C'était faire plier ces masses d'hommes sous un même joug, les placer sous une même volonté. L'œuvre a été longue, — depuis le Gros Guillaume jusqu'à Guillaume le Grand, on compte plus d'un siècle et demi, — mais on y devait réussir. Comme l'a très excellemment dit M. Paul de Saint-Victor dans ce beau livre qu'il faudra désormais citer quand on parlera de l'Allemagne[1] :

1. *Barbares et Bandits* est un livre admirable, fortement pensé et écrit comme sait écrire ce maître du style. Nous voudrions voir ce livre tiré aux frais de l'Etat à des centaines de mille exemplaires pour être répandu dans les écoles et dans les casernes. En France, on oublie vite. Il est bon qu'un tel livre

« L'Allemand a l'âme féodale ; il naît homme-lige prêt à se rallier au chef résolu qui l'entraîne et lui promet des conquêtes. Cette nation est à la fois servile et farouche. Aussi dès qu'elle a senti dans la Prusse la fortune et la main d'un maître, elle s'est précipitée sous sa dictature, elle lui a sacrifié sa liberté, ses autonomies, son existence studieuse et paisible ; elle a endossé le bât militaire et s'est attelée à son char. Le canon de Sadowa l'a renversée, convertie et illuminée sur le chemin du plus fort. »

La puissance, l'unité, la grandeur de l'Allemagne sont l'œuvre de trois hommes : Guillaume Ier, Frédéric II et cette trinité redoutable et indivisible, Guillaume, Bismarck, Moltke, — la tête qui commande, l'esprit qui inspire et le bras qui agit. A ces hommes, l'Allemagne doit ses forces et sa foi au génie de la patrie. A ces hommes, l'Allemagne doit ses ambitions, ses victoires et son agrandissement. A ces hommes, l'Allemagne doit la magnifique abnégation patriotique qui, à l'heure où le sol allemand est envahi, ne laisse dans les cœurs allemands que le seul sentiment du salut du pays. A ces hommes, l'Allemagne doit la discipline qui enserre dans son cercle d'airain aussi

vienne rappeler les blessures du pays et aviver cette flamme du patriotisme que la génération présente, vestale impudique, avait presque laissé s'éteindre.

bien la population civile que l'armée, discipline par laquelle l'Allemagne a vaincu la France et par laquelle la France, si elle s'y veut assujettir, vaincra un jour l'Allemagne.

On s'est beaucoup raillé, Henri Heine tout le premier, du « caporalisme prussien ». Le « caporalisme » n'est que l'extension démesurée du principe de discipline, et la discipline, c'est le devoir.

Décembre 1871.

XIII

LA PARISIENNE AU XVIIIe SIÈCLE[1]

I

Au xviiie siècle, la Parisienne n'a pas d'enfance. La première éducation ne tend qu'à faire une petite grande dame de la petite fille. Elle enlève à l'enfant sa vivacité, son naturel, son enjouement, son insouciance, pour la parer d'une grâce artificielle et

1. La Parisienne du siècle de Louis XV diffère de l'Athénienne du siècle de Périclès autant qu'une terre cuite de Clodion d'un marbre de Phidias. C'est pourquoi il nous a paru curieux de mettre pour ainsi dire en regard de notre étude de *la Femme à Athènes* d'après les auteurs grecs, cet article publié dans le *Journal des Débats* sur *la Femme au* xviiie *siècle,* de MM. Edmond et Jules de Goncourt. Nous en retranchons la partie critique qui ne serait plus à sa place ici, nous contentant d'en reproduire cette conclusion : « On croirait que MM. de Goncourt ont vu tout ce dont ils parlent ; si bien que ce livre n'est pas seulement étudié avec science et composé avec art : il a encore la saveur d'un livre vécu. »

maniérée. Lorsque la petite fille quitte le sein de sa nourrice, la gouvernante qui lui est donnée s'occupe déjà de faire d'elle une petite personne. Avant qu'elle sache lire, on l'a apprise à se tenir droite et à faire la révérence. Sitôt qu'elle se tient debout, on l'enserre dans un *corps* de baleine, on lui amène un maître à marcher, un maître à danser. Quand on l'envoie se promener aux Tuileries, on lui recommande de ne pas sauter, de ne pas courir, de garder un air grave. Si on la conduit à un bal d'enfants, on lui met de faux cheveux, un panier, des guirlandes de fleurs, et on lui dit : « Prenez garde d'ôter votre rouge, de vous décoiffer, de chiffonner votre habit, et divertissez-vous bien. »

La lecture, l'écriture, le catéchisme, le maintien, quelques leçons de danse, de chant, de clavecin, à cela se borne l'éducation de la maison. Il est temps de mettre la petite fille au couvent. L'éducation conventuelle au xviiie siècle, imitée, avec quelque relâchement, de celle de la maison de Saint-Cyr, est ainsi caractérisée par MM. de Goncourt : « Une éducation flottant entre la mondanité et le renoncement, entre la retraite et les talents du siècle ; une éducation qui va de Dieu à un maître d'agrément, de la méditation à une leçon de révérence. L'air du cloître est traversé à tout moment par le vent du monde. »

Les travaux des sœurs converses à l'extérieur de la maison, les fréquentes sorties des pensionnaires, les visites au parloir, et ces recluses momentanées, épouses séparées, maîtresses de princes dont on craint un esclandre, veuves plus ou moins inconsolables, mettent sans cesse le couvent en communication avec le monde. Les ombrages du jardin répètent les échos de Versailles et de Paris, si bien, raconte Grimm, qu'une jeune pensionnaire, mademoiselle d'Albert, écrit au couvent *les Confidences d'une jolie femme*, et que ce livre, qui peint les mœurs de la société à la mode, a l'air d'avoir été écrit d'après nature.

L'éducation de la jeune fille est achevée. Nous avons vu la nourrice, la gouvernante, la supérieure, les maîtres. Mais nous n'avons pas vu la mère. C'est qu'au xviii° siècle, la femme n'a pas plus de mère qu'elle n'a d'enfance. La mère est trop occupée pour avoir le temps d'être mère. Elle voit son enfant le jour de sa naissance et le jour où il revient de nourrice ; puis, durant les quelques années que la petite fille passe à la maison, logée avec la gouvernante, dans les combles de l'hôtel, elle se la fait descendre chaque jour cinq minutes, vers onze heures, au moment du petit lever. Quand enfin la jeune fille est au couvent, la mère la voit plus rarement encore : aux fêtes, à quelques haltes rares et courtes qu'elle fait au parloir, entre une visite au salon de peinture et une promenade sur les boulevards, ou bien encore le jour où elle vient au couvent annoncer à sa fille qu'elle lui a choisi un mari et qu'il n'y a plus qu'à commander le trousseau. On sait, en effet, que la plupart du temps les jeunes filles se mariaient au sortir du couvent, et qu'elles étaient pour cela à peine consultées. On ne leur présentait leur fiancé que pour la forme. Le mariage était une affaire de famille où les convenances de rang et de fortune étaient seules examinées. A cette union le plus souvent improvisée, la jeune fille ne pensait guère à s'opposer. La timidité et la faiblesse de sa grande jeunesse, la crainte de retourner au couvent si elle en était sortie, la joie d'en sortir si elle y était encore, la désarmaient contre la volonté de ses parents. D'ailleurs, elle ne voyait que le mariage dans le mari. Elle se mariait, comme l'avouait madame d'Houdetot, « pour aller dans le monde, pour voir le bal, la promenade, l'opéra, la comédie ». Et que lui importait, comme le confessait madame de Puiseux, que le mari fût beau ou laid, jeune ou « entre deux âges », aimable ou déplaisant, pourvu « qu'elle eût berline et diamants, qu'elle portât des mules et qu'elle mît du rouge » ?

Que ces mariages-là fussent toujours des mariages modèles, on ne le pense pas. Au reste, parents, époux, fiancée s'en embarrassaient peu. Ce n'était pas dans les habitudes de ce temps où une jeune femme, sollicitée par son mari de le tutoyer, lui disait ce mot typique : « Eh bien, va-t'en! » Philémon et Baucis eussent semblé alors *du dernier uni*, comme on disait, c'est-à-dire du dernier fade, du dernier ridicule. Viciée par l'éducation, la jeune fille devenue jeune femme était bientôt tout à fait pervertie, sinon tout à fait perdue, par l'exemple du monde où elle vivait, et, il faut le dire, par son mari lui-même. L'homme au XVIII° siècle ne vaut pas mieux que la femme. Durant quelques semaines, le mari se plaisait aux grâces naïves et au charme ingénu de sa jeune femme. Mais bientôt, s'il la trouvait réservée, il s'éloignait d'elle ; s'il la trouvait trop aimante, il disait volontiers : « Que diable vient faire la passion dans mon ménage? » Et il s'efforçait, par une ironie apitoyée et un persiflage attendri, de modérer ce grand amour. Une belle nuit, il ne rentrait que le matin, et aux reproches de sa femme il s'excusait avec des réticences qui avouaient tout. La jeune femme allait en larmes demander des plaintes et des consolations à sa mère, qui l'accueillait presque avec un sourire et traitait tout cela de misères. Elle revenait alors à son mari, qui lui disait amicalement : « Il faut vous dissiper. Voyez le monde, entretenez des liaisons, enfin vivez comme toutes les femmes de votre âge. C'est le meilleur moyen de me plaire, ma bonne amie [1]. »

Ainsi repoussée du bien, ainsi encouragée au mal, la femme se dissipait en effet. Elle se jetait dans le tourbillon du monde, dans tous les enivrements et dans toutes les folies du siècle. Elle s'étourdissait; elle comblait le vide de son cœur par une vie fébrile et affolée où elle était toujours en mouvement, où tous ses moments étaient pris, toutes ses minutes employées, où elle n'avait pas le temps de penser.

La Parisienne s'éveille à onze heures. Jusque-là, selon l'expression consacrée, « il n'est pas encore jour ». Petit lever, toilette, coiffure, baiser donné à l'enfant, caresse donnée au bichon ou au carlin; grand lever et conversation à bâtons rompus avec les familiers qui y sont admis, gentilshommes, beaux esprits, petits abbés, médecin, tout cela tient deux heures. La femme alors gagne l'heure du dîner en chantant au clavecin l'ariette nouvelle ou en galopant au bois de Boulogne, suivie d'un palefrenier. Au sortir de table, les chevaux sont attelés; la femme fait mille courses, mille visites, traverse trois fois Paris. Elle passe au Palais-Royal, au Palais-Marchand; au *Cha-grin de Turquie*, au *Petit-Dunkerque*, les boutiques à la mode. Elle entre dans vingt maisons, « y restant

1. Mémoires de madame d'Épinay.

le temps d'une embrassade, d'une médisance, d'un compliment »; elle va jeter un coup d'œil sur les curiosités du jour, la négresse-horloge de Furet, les têtes parlantes de l'abbé Mical, les profils « écrits à main levée » du calligraphe Bernard, l'imprimerie des aveugles, le grand cierge serpentaire en fleurs du Jardin du Roi. Elle se promène ensuite en carrosse sur les boulevards, s'arrêtant devant le café Gaussin pour y déguster une glace, ou elle fait un tour à pied dans la grande allée des Tuileries, dont quatre paniers prennent toute la largeur.

La Parisienne a encore pour occuper son temps une promenade à faire à la Foire Saint-Germain et à la Foire Saint-Laurent ou une heure à passer dans ces après-dinées, où, dans les salons transformés en cafés, les femmes en tablier de mousseline et en petit bonnet jouaient, assises à des comptoirs, le rôle de maîtresses de café, et dans ces *journées de campagne* des grands hôtels parisiens où l'on hébergeait les invités pendant toute une journée. Puis, s'il n'y a ce soir-là ni opéra, ni comédie, ni théâtre de société, comme le théâtre du Temple où on joua *les Neuf Muses* de J.-J. Rousseau, le théâtre de l'Isle-Adam, où l'on joua le *Comte de Comminges* d'Arnaud, et le théâtre de Gennevilliers, où l'on joua pour la première fois *le Mariage de Figaro*, ni bal chez madame de Mazarin, ni concert

17.

chez madame d'Houdetot, ni fête chez madame de la Popelinière, ni soirée où on était convié quinze jours d'avance pour jouer à colin-maillard et à traîne-ballet, ni souper au Palais-Royal ou chez la comtesse de Custine, elle finit sa journée par une partie de garçons, un souper aux Porcherons ou au Port-à-l'Anglais, à moins que ce ne soit dans une de ces *nuits blanches* du Cours la Reine illuminé, dont la musique et les jeux ne cessaient qu'à l'aube. Enfin, arrivait cette heure du coucher, la seule où la Parisienne, se trouvant seule, pouvait voir l'inanité de ses plaisirs, le vide de sa vie. Cette heure tant redoutée de la femme, qui, dit Duclos, «préférait tout au chagrin de se coucher», elle saisissait tous les prétextes pour en retarder la venue. Les soirs de bal, le souper fini, le jour venu, ne lui fallait-il pas aller prendre un ratafia au pont de Neuilly?

Cette existence effrénée qui détachait chaque jour davantage la femme du mari, qui lui mettait sous les yeux mille exemples dépravants, qui lui enseignait les doctrines d'une morale facile et qui lui soufflait ces sophismes étranges : «la fidélité, vertu de petites gens», « l'amour dans le mariage, préjugés de province », ne tardait pas à la faire succomber. Beaucoup résistaient, mais combien qui s'abandonnaient! L'amant prenait la femme que n'avait pas su garder le mari, qui, d'ailleurs, faisait bon marché de son honneur conjugal et mettait sa dignité dans son insouciance. Dans ses chutes, la femme n'avait pas l'amour pour excuse plus ou moins valable. Elle se donnait par désœuvrement, par curiosité, par mode, par caprice, souvent par vanité quand c'était à un homme qui, comme Richelieu, avait le double prestige du nom et des bonnes fortunes. Dans ces aventures, le cœur n'était pour rien. « Les femmes aiment avec la tête », disait l'abbé Galiani, corroboré en cela par Horace Walpole, qui disait : « Les femmes ne sont que des débauchées d'esprit .» D'ailleurs, l'amour pouvait-il exister dans la galanterie où il n'existait pas dans le mariage? Si facilement qu'elles fussent formées, ces liaisons, que la délicatesse du temps désignait sous l'euphémisme de *fantaisies* ou d'*épreuves*, se rompaient avec une facilité égale. La joie de la dernière entrevue l'emportait peut-être sur le plaisir du premier rendez-vous. Et la femme allait ainsi d'*épreuves* en *épreuves*, de *fantaisies* en *fantaisies!* Au xviii° siècle, l'amour s'appelle le désir, la passion, le libertinage. « Dire à une femme : je vous aime, disent MM. de Goncourt, ce n'est point lui faire entendre autre chose que : je vous désire. » L'amour n'est plus, selon la définition de Chamfort, que le contact de deux épidermes, l'échange de deux fantaisies.

L'amour du cœur, l'amour qui se sacrifie, l'amour

qui souffre et qui aime sa souffrance, existe cependant quelquefois chez les femmes du xviiie siècle. Le roman nous montre Manon qui, malgré ses trahisons, aime Desgrieux et qui meurt repentante dans les bras de son amant, en disant : « Mes larmes, que vous avez vues couler si souvent depuis notre départ de France, n'ont pas eu une seule fois mes malheurs pour objet. J'ai cessé de les sentir aussitôt que vous avez commencé à les partager. Je n'ai pleuré que de tendresse et de compassion pour vous. » L'histoire nous cite mademoiselle Aïssé et madame de la Popelinière, deux victimes de l'amour. Mademoiselle Aïssé traverse le monde de la Régence avec la grâce et la pudeur d'une houri virginale. Sa seule faute, son amour pour le chevalier Daïdié, dont elle refuse la main pendant douze ans, disant : « j'aime trop sa gloire, » est la joie passagère et le remords constant de toute sa vie. Sans cesse elle tente de ne plus revoir le chevalier, et sans cesse elle obéit à son cœur, car, écrit-elle : « Couper au vif une passion violente, c'est effroyable. La mort n'est pas pire. » Madame de la Popelinière quitta le somptueux hôtel de son mari pour un humble logis de la rue Ventadour par amour pour Richelieu, auquel elle écrivait ces mots si touchants : « Je ne crois pas que vous m'aimiez si vivement que je vous aime, mais au moins aimez-moi autant que vous le pouvez. » Le galant maréchal l'aima en effet autant que peut aimer un homme à bonnes fortunes, peu et vite. Puis il l'oublia, et madame de la Popelinière mourut dans les larmes « toujours pensant à lui et l'appelant jusque dans son agonie », dit l'auteur des *Portraits du XVIII⁰ siècle*. Richelieu, qui avait oublié, n'avait pas à être consolé. Pour M. de la Popelinière, il pleura sa femme en écrivant le *Tableau des mœurs du temps!*

Le sentiment maternel n'est pas non plus tout à fait inconnu dans le Paris de Louis XV. Sous l'influence de Jean-Jacques, on vit même un instant des femmes revenues à l'amour maternel qui jouaient à la maman. Mais cette tendresse soufflée par un livre avait quelque chose de factice. Ce n'était pas plus la maternité que les bergeries de la cour de Louis XVI à Trianon n'étaient la vie rustique. La vérité sur le sentiment maternel en ce temps, nous la trouvons dans ce mot cynique et douloureux d'une femme voyant une mère embrasser son enfant : « Je n'ai jamais rien pu aimer, moi ! » De même que la vérité sur l'amour, nous la trouvons dans ce dialogue rapporté par Grimm, entre Pont de Veyle et madame du Deffand, ces deux amants sexagénaires qui eussent pu célébrer leurs noces d'or : « — Pont de Veyle, il faut convenir qu'il est peu de liaisons aussi anciennes que la nôtre. — Il y a cinquante ans passés. — Et, dans ce long intervalle, aucun nuage, pas même l'apparence d'une brouillerie. — C'est ce que j'ai toujours admiré. — Mais, Pont de Veyle, cela ne viendrait-il pas de ce qu'au fond nous avons toujours été fort indifférents l'un à l'autre ? — Cela se pourrait bien, madame. »

II

Plus que la femme de la haute société, la femme de la bourgeoisie pratique les vertus domestiques, se rappelle qu'elle est mère, est fidèle gardienne de l'honneur conjugal. Dans ces ménages de magistrats et d'échevins, de notaires et de procureurs, de marchands et de boutiquiers, le mari est le maître ; il conserve son autorité, tandis que le gentilhomme se plaît à compromettre la sienne par sa vie au dehors et son insouciance cavalière. Aussi bien l'éducation de la femme a été différente. La mère a toujours vécu avec sa fille, s'en séparant seulement pour une, deux ou trois années, quand celle-ci a dû, selon l'usage, achever son éducation dans un de ces couvents de la rue Saint-Denis ou de la Congrégation Notre-Dame, qui n'avaient ni le faste vaniteux ni les échos mondains des couvents des filles de la noblesse. Le mariage aussi a été tout autre. On ne l'a pas décidé et conclu de la façon expéditive qui était de mode dans le grand monde. Non-seulement la jeune fille a été consultée, mais c'est elle-même le plus souvent qui a soumis à l'approbation de ses parents le choix qu'elle a fait, dans les bals, dans les petites réunions du voisinage, dans les promenades du quartier.

Mais à mesure que le siècle s'avance, la vanité, l'ostentation, la dissipation et la folie du temps gagnent la bourgeoisie elle-même. La femme s'y laisse séduire sinon avec le même sans-souci, du moins avec la même facilité. Elle cède les larmes aux yeux, au lieu du sourire aux lèvres. — Tout en manquant à ses devoirs, elle ne les oublie pas. — La bourgeoise fait trois toilettes par jour, porte des diamants, se ruine pour ses ajustements. Elle a ses réceptions du matin, ses soupers en ville; elle fait lit séparé, et, pour être plus libre, elle met sa fille au couvent dès qu'on veut bien l'y recevoir. A la fin du siècle, c'est à peine si l'on distingue la bourgeoise de la grande dame. Voyez ces femmes qui vont à l'église suivies d'un laquais portant un gros livre relié en maroquin. Ce sont des marchandes de la rue Saint-Honoré, dont le mari est marguillier.

La femme du peuple est, selon la remarque profonde de MM. de Goncourt, auxquels ces mots topiques sont familiers, comme en dehors du XVIIIe siècle; elle semble d'une autre race que les femmes de son temps. « C'est un être qui n'est femme que par le sexe et qui est peuple avant d'être femme. » Virile, grossière, brutale, dure au travail, mais buvant de l'eau-de-vie pour oublier la misère, telle est la femme du peuple, marchande aux Halles ou crieuse de bois au quai Saint-Bernard. Elle a pour elle les élans du cœur, la pitié, l'indignation. Les haines et les révoltes s'amassent dans ces âmes de meurt-de-faim. C'est dans la femme du peuple seule qu'on peut sentir que ce siècle, qui va comme à l'aventure de plaisirs en plaisirs, est en mal de révolution.

La femme du peuple ne redevient femme qu'alors que la galanterie l'arrache au carreau des Halles. Quand la fille d'une blanchisseuse, comme la d'Hervieux, ou la fille d'une marchande de marée, comme la Contat, prenait au beau monde ses modes, ses ajustements, ses parures, son rouge, elle lui prenait aussi ses façons d'être, son charme, ses grâces, son esprit. C'est du bas peuple que sortent les reines de beauté, actrices et courtisanes. Honnies, traitées en parias pendant plus de quinze siècles, les femmes galantes reprennent au xviiie siècle le rôle brillant qu'elles n'avaient pas joué depuis l'antiquité. A la vérité, ces femmes, qui, en 1760 étaient au nombre de 70,000 sur une population de moins de 800,000 habitants, sont soumises à l'arbitraire du lieutenant de police; mais un simple *encataloguement* au registre des choristes ou des marcheuses de la Comédie ou de l'Opéra suffit à les soustraire à cette juridiction à la turque. Ces filles privilégiées ont leur cour de gentilshommes, de gens d'esprit, d'artistes, d'écrivains, de philosophes; elle ont leur loge d'apparat aux représentations courues, leur portrait au Salon de peinture, leur carrosse à Longchamps. On invente pour elles la qualification de *Filles du monde*[1], et Richelieu dit « qu'elles sont plus femmes que les autres ». Par une anomalie qui existe souvent entre les lois et les mœurs, l'Église, au xviii° siècle, refusait à la comédienne la bénédiction nuptiale et l'inhumation en terre sainte; mais la société l'accueillait presque en égale. Les plus grandes dames ne se disputaient-elles pas les visites d'Adrienne Lecouvreur? Ne recevaient-elles pas la Pélissier? N'allaient-elles pas souper chez la Quinaut et danser chez mademoiselle Antier? Autour d'elle, la fille galante ne trouve qu'indulgence, tolérance, sympathie. Et, en vérité, la débauche d'en haut avait-elle le

1. Il faut remarquer que ce n'est pas seulement dans la société qu'on emploie ce galant euphémisme. C'est ainsi que la justice du xviii° siècle appelle ces femmes que la justice du moyen âge appelait « filles d'amour » et « filles folles de leur corps » et la justice d'aujourd'hui « filles publiques ». Voyez cet arrêt de la Cour du Parlement, du 27 septembre 1766 : « ..... Condamne Françoise Testart, dite Zaïre, » fille du monde, à être détenue à la Salpêtrière, pendant » trois ans, par forme de correction, attendu sa débauche. »

droit de se montrer sévère pour la débauche d'en bas?

En vieillissant, la femme du xviiie siècle ne se fait pas ermite ; elle se fait philosophe. Elle supplée au charme et aux grâces de la jeunesse par toutes les séductions de l'esprit. Ainsi son règne ne passe pas. Les grands levers, les bals, les parties de plaisir, sont remplacés par les *bureaux d'esprit*, institués et mis à la mode par madame de Tencin, continués et maintenus en vogue par madame de Lambert, madame du Deffand, madame Geoffrin. Tous les jours, le salon est ouvert aux philosophes, aux hommes d'esprit, aux écrivains. Mademoiselle de Lespinasse a « ses amis », madame de Tencin a « ses bêtes », madame d'Épinay a « ses ours ». Là, on écoute les nouvelles, les médisances, les bavardages ; là, on enfante ou on enterre les réputations, on décrète les succès, on prépare les élections académiques. D'autres femmes s'adonnent aux intrigues de cour, font et défont les ministères, lancent des lettres de cachet, distribuent des bénéfices, donnent des emplois, nomment à des grades. On a dit que la femme préside au xviiie siècle. Elle le domine, elle le dirige en effet. Mais on est en droit de penser qu'à son point de vue, la femme le conduisit mal, car la Révolution où il aboutit n'était certes pas l'idéal des petites maîtresses.

Quand la mort vient pour la Parisienne, elle la subit avec courage, mais avec légèreté, avec insouciance, comme elle a passé sa vie. Telle marquise recommande à son cuisinier de faire bonne chère pour que le monde ne déserte pas sa table; telle comtesse chante, au moment de l'agonie, des couplets satiriques sur l'air de *Joconde*. Jusque dans les sanglantes journées de la Terreur, où la femme montre tant d'héroïsme devant le martyre, elle conserve un peu du caractère léger du siècle. C'est moitié gaie et moitié sérieuse que, dans les prisons de Saint-Lazare et de la Force, elle s'essaye devant les autres prisonniers à monter avec grâce les degrés de l'échafaud. C'est presque le sourire aux lèvres qu'elle figure dans ces répétitions du drame de la guillotine.

Août 1877.

XIV

LES VENDEURS DU TEMPLE

I

Ce temple est un panthéon : le Panthéon des dieux et des hommes qui, par le génie, l'héroïsme ou le martyre participent de la divinité. Dans le sanctuaire, siègent les dieux détrônés et les dieux pour lesquels brûle encore l'encens : les divinités de l'antique Égypte, plus vieilles que le monde, Cneph, l'être suprême, Isis, la déesse-mère, la puissance fécondante de la nature, Nephthys, invoquée à l'heure des combats, Anubis, Thot, Horus et le dieu-roi, Osiris, le thesmophore, le civilisateur, à qui pendant plus de cinq mille années, les prêtres du temple de Philæ offrirent chaque jour trois cent soixante coupes de lait ; Baal, Mammon, Molokh, les dieux des Phéniciens, des Assyriens, des Chananéens et des Carthaginois, les dieux d'Hamilkar et d'Annibal ; la rayonnante théorie des Olympiens, chantés par Homère, par Pindare et par Eschyle, sculptés et peints par Phidias, par Praxitèle et par Apelles, révérés dans les trois grandes républiques de Sparte, d'Athènes et de Rome ; la mystique trinité hindoue, Brahma, Vischnou et Siva ; Bouddha, le dieu de l'immense Église indianoïde ; Fô, le dieu chinois ; Ormuzd, le principe de tout bien ; Jeovah, le dieu jaloux des Hébreux ; Allah, le dieu de la civilisation arabe et de la décadence turque ; Esus, Camoul et Teutatès, les dieux de nos ancêtres, les vieux Gaulois ; les dieux scandinaves, les dieux slaves et les dieux celtiques, Odin, Thor, Vara, Heimdall, Znith, Vittolf, Puster ; les dieux américains, africains et australiens, les dieux des races rouges et des races noires, Vitslibochtli, Teskalibochtli, Teoti, Manitou, Tangaloa, Zèmes, Oro. Au milieu de tous ces dieux, se tient Jésus, le martyr du Golgotha, le moraliste de l'Évangile, le dieu des trois Églises chrétiennes, Dieu de sacrifices et de résignation, Dieu de pardon et de miséricorde, Dieu d'amour et de charité.

A l'entrée du sanctuaire, sont les grands prophètes, initiateurs ou réformateurs : Moïse, Isaïe, Zoroastre,

Confucius, Cadmus, Pythagore, Platon, saint Paul, Mahomet, Luther.

Sous le portique dorique qui règne autour de l'édifice, se presse la foule des génies, des héros et des martyrs, guerriers, philosophes, artistes, poètes, inventeurs, pasteurs des peuples : Socrate et Savonarole, Phidias et Michel-Ange, Homère et Shakspeare, Périclès et Laurent de Médicis, Alexandre et Napoléon, Marie-Thérèse et Catherine II. Et Eschyle, Cicéron, Dante, Raphaël, Christophe Colomb, Gutenberg, Galilée, Léonidas, Philopœmen, Paul-Émile, Jeanne d'Arc, Bayard, d'Assas, Marceau, Hoche, Sésostris, César, Marc-Aurèle, Haroun-al-Raschid, Charlemagne, Léon X, Louis XIV, Pierre le Grand.

II

Ce temple, ce panthéon, ce sanctuaire, qui est à la fois la vénération et l'orgueil de l'humanité, est outragé, profané, souillé, au grand jour et à la vue de tous. Une bande de Vendeurs y a fait irruption bruyamment, gaiement, cyniquement; ils y sont entrés le chapeau sur la tête, le cigare aux dents, le sarcasme à la bouche, le scepticisme et l'irrévérence au cœur. Ce temple, les Vendeurs l'ont transformé en halle, en bazar, en immense friperie. A chaque saison, ils y prennent des figures comme on emprunte des costumes au magasin des accessoires; ils incarnent dans ces types acteurs et actrices, baladins et ballerines; et ils les débitent sur les tréteaux à la foule ivre de rire.

Ils disent : « Toi qui as étudié la danse au bal Mabille ou au bal de la Reine-Blanche, tu seras Eurydice ou Vénus. Toi qui joues les Filles de Marbre, les Mimi-Bamboche, et autres donzelles de vertu facile, de geste vif et de leste propos, tu seras Hélène ou Minerve; toi qui joues les pères nobles, cocus et bafoués, tu seras Jupiter ou Agamemnon; toi qui joues les Jocrisses et les Bobèches, tu seras Orphée; toi qui joues les Jean-Jean et les Rodomont grotesques, tu seras Mars ou Achille; toi qui excelles dans les rôles de dandys ridicules et de *petits-crevés*, tu seras Apollon ou Oreste! »

L'analogie à courte vue et de mauvaise foi, combinée avec l'antithèse éclatante jusqu'à l'absurde, voilà le point de départ éternel des parodies, le procédé unique des parodistes. Avec ce système, un sujet quelconque, sacré ou profane, quelques scènes risquées, quelques couplets grivois, quelques calembours par à peu près, beaucoup d'anachronismes, — l'anachronisme, le grand cheval de bataille de la parodie, — quelques jolies notes jetées sur ce thème indigne [1] par le compositeur, et la farce est à jouer. Les sourires des actrices, les jambes des danseuses, les « cascades » des acteurs feront le reste. Les vendeurs peuvent ouvrir boutique; les chalands sont déjà en chemin, le succès est assuré d'avance.

III

D'abord, ils ont arraché du temple Orphée, le fils de la muse Calliope, le chantre hiératique, le premier poète, et pour ainsi dire le patron de tous les poètes. Ses hymnes, qui charmaient les bêtes féroces, sont restés impuissants devant l'âpreté des Vendeurs. De la touchante légende d'Eurydice, ils ont fait une scandaleuse pantalonnade qui transforme Orphée en « professeur de chant au mois et au cachet », en Sganarelle transi, et qui montre le Tartare sous l'aspect d'un cabinet particulier de la Maison-Dorée. Avec Orphée, ils ont pris les divinités olympiennes, et ils les ont vendues sous des déguisements et des maquil-

1 Il faut aussi déplorer que les auteurs de telles pièces soient des hommes d'un véritable talent, pleins d'esprit, profonds observateurs de la vie moderne sous une apparence de légèreté, et qui laisseront au théâtre des types sinon des caractères. Ainsi pour l'auteur de *Frou-Frou*, ainsi pour l'auteur des *Filles de marbre* et des *Faux Bonshommes*. Mais dès qu'ils travaillent à une parodie, ils perdent tout talent, tout bon sens, tout esprit, toute originalité. C'est le juste châtiment que leur infligent les dieux outragés.

lages analogues. Jupiter,—l'auguste Zeus, «qui fronce le sourcil et fait trembler la terre et l'onde, » — devient un paillard ridicule et berné. Impresario tour à tour grondeur et gouailleur de la troupe divine, il jure, sacre, bat des entrechats et se traite lui-même de « vieux farceur ». Vénus, la douce Aphrodite d'Homère, « qui courbe sous ses travaux tout ce qui respire » l'*Alma Venus* de Lucrèce, est une gourgandine de troisième prix ; Mars, un soudard abruti ; Apollon, un poète famélique ; Vulcain, un grotesque maréchal-ferrant. Le Destin rend ses arrêts dans une échoppe d'écrivain public. Les Titans, qui représentent dans les théogonies naturalistes les forces aveugles et désordonnées de la nature, ce sont des crétins à oreilles d'ânes. Prométhée, le bienfaiteur et l'initiateur de l'humanité, celui qui souffrit pour l'amour des hommes un supplice de trente mille années, le crucifié du Caucase, le précurseur du Christ, c'est un rustre à la fois madré et naïf comme un paysan normand. Pour couronner l'œuvre, voici Minerve, la vierge vénérable, la déesse de la justice, la divinité tutélaire des arts et des sciences, — *mille dea operum,* — la protectrice des familles, la gardienne des cités, en madame Putiphar à laquelle Prométhée ne laisse pas son manteau !

Ensuite les Vendeurs ont porté leur main sacrilège sur le monde homérique, sur les héros de

l'*Iliade* : Agamemnon, Chalchas, Achille, Hélène, Ajax ;
puis, sur les grands noms du Livre d'or de Venise :
les Dandolo, les Cornaro, les Viazi, les Marino Fa-
liero, sur les institutions de la vieille république
vénitienne, modèle des oligarchies patriciennes ; puis
sur les sombres figures de la France mérovingienne,
— Grégoire de Tours traduit par Vadé ! Combien d'autres hôtes du Panthéon vendus par les marchands :
le triomphateur romain, Cincinnatus ou Paul-Émile,
et la chaste matrone, la mère des Gracques ou
l'héroïque Porcie ; l'impératrice moscovite, la con-
quérante et la civilisatrice, celle que Voltaire appelait Catherine le Grand ; et d'autres encore, jusqu'à
une sainte de l'Église catholique, Geneviève de
Brabant [1].

Une fois, les Vendeurs ont cru le Panthéon épuisé.
Alors ils se sont rués dans cet autre Panthéon idéal,
demeure des êtres incréés, sortis tout d'une pièce du
cerveau humain, comme Minerve de la tête de Jupiter ; demeure des Hamlet, des Roméo, des Alceste,
des Werther, des Cid, des Macbeth, des don Ruy-
Gomez. Ils y ont pris Faust, et ils ont fait de lui
un *petit-crevé* ; ils y ont pris Marguerite, et ils ont fait
d'elle une sauteuse de la Closerie des Lilas.

----

1. Quoique sa canonisation ne soit pas bien établie, Geneviève figure au nombre des saints du calendrier belge ; sa
fête tombe le 2 avril.

IV

Le succès a prouvé aux Vendeurs que le Temple peut encore les enrichir. A l'œuvre donc, à l'œuvre. Vous n'avez pas encore dépeuplé le Panthéon pour garnir les tréteaux. Que de dieux et de demi-dieux, de génies et de héros qui sont encore sur les piédestaux sacrés !

Jeanne d'Arc ne serait-elle pas d'un comique irrésistible jouée par mademoiselle Schneider, avec Dupuis pour Dunois et Kopp pour Charles VII? On aurait l'exemple de Voltaire. Et Socrate, le martyr, ne serait-il pas fort plaisant de le montrer buvant la ciguë dans une coupe à vin de Champagne, en donnant un logogriphe comme : « Loch-homme-hotte-ive », à deviner à Phédon? Et Louis XIV, à qui nous devons l'Alsace, et Louis XV, à qui nous devons la Lorraine, et Napoléon Ier, qui a donné tant de gloire militaire à la France qu'il lui en reste encore après trois invasions, n'est-il pas opportun de bafouer leur personne, leur cour, leurs diplomates et leurs généraux, d'après les procédés de *la Grande-Duchesse ?* La Révolution française pourrait aussi fournir à ces beaux esprits quelques scènes exhilarantes. Le comité de salut public ou la Convention nationale, traités à la façon du Conseil des

Dix dans *le Pont des Soupirs*, provoqueraient un rire inextinguible chez les réactionnaires, tandis que la confession de la reine Marie-Antoinette (rôle confié à mademoiselle Blanche d'Antigny), faite par elle-même dans le cachot de la Conciergerie à un gendarme de garde qu'elle voudrait séduire ou apitoyer, désopilerait outre-mesure les rates démagogiques. Et pourquoi s'arrêter là? Parny fut bien de l'Académie française! Pourquoi ne pas traîner sur la scène comique le grand juste du Calvaire? Le coup de pied de l'âne manque à son martyre. Ce serait une nouvelle station de la croix.

V

Allons! il y a encore de belles et fructueuses soirées pour les farces et les parodies, à moins que le public ne se lasse enfin de rire de ce qu'il devrait admirer. On n'ose pas l'espérer. Les directeurs se lavent les mains dans l'or, les parodistes deviennent des banquiers, les acteurs sont payés comme des maréchaux de France, les actrices sont portées aux nues — et dans combien de bras! — le public croit s'amuser quand il ne fait que s'étourdir. Qu'importe donc aux directeurs, aux auteurs, aux acteurs et au public la profanation du temple! Que leur importe de voir tourner en dérision ce qui est

18.

éternellement grand et éternellement beau! Que leur importe le respect ou le mépris des dieux, des figures glorieuses, des grandes actions!

Ils ne pensent pas qu'à force de rire de tout, on arrive fatalement à ne plus croire à rien, et que les leçons des parodies enseignent l'oubli de la religion, de la famille, de la patrie. Ils savent cependant qu'en France le ridicule tue, et ils prennent à tâche de ridiculiser les choses les plus saintes. Continuez votre œuvre dissolvante! Raillez l'Église et vous aurez le doute, le néant, le déchaînement de tous les appétits terrestres; raillez la famille, et vous aurez la débauche et la décroissance de la population; raillez l'héroïsme et le devoir, applaudissez à ces plaisanteries à la Henri Rochefort qui disait en 1867 : « L'armée française où je ne me serais probablement fait remarquer que par la désertion », et vous aurez des cœurs lâches et des frontières sans défense; raillez la patrie, et vous aurez le démembrement et la servitude; raillez la poésie, envoyez, comme le disait Jules Vallès, « le vieil Homère aux Quinze-Vingts » et vous aurez l'incendie des bibliothèques, et il vous restera les refrains plus bêtes encore qu'immondes des cafés-concerts.

Encore une fois, qu'importe! pourvu que l'on s'amuse et que l'on continue à jouir gaiement de la vie facile. Le dieu, c'est l'argent; la patrie, c'est où l'on vit bien. La gaieté et l'assouvissement, voilà ce que réclament notre indifférence morale, notre lassitude politique, notre scepticisme religieux. Hormis cela, tout n'est que poussière. « Que te restera-t-il, disait Alexis, le comique grec de la décadence, que te restera-t-il? Ce que tu auras bu et mangé, et rien de plus. Le reste est poussière, poussière de Cadmus, poussière de Cimon, poussière de Périclès. »

Octobre 1871.

XV

L'ANNIVERSAIRE

I

A Athènes, le vingt-quatrième jour du mois de Thargélion, on célébrait, en l'honneur de Minerve, la fête néfaste des Plyntéries. Ce jour-là, les statues de la déesse, protectrice de la Cité, étaient dépouillées de leurs ornements et couvertes de voiles noirs; les temples étaient fermés, l'agora était déserte, le Pnyx silencieux. Les citoyens restaient enfermés dans leurs demeures et s'abstenaient de tout plaisir comme de toute affaire. Sans bruit, sans mouvement, Athènes semblait une ville morte.

Le Vingt-Six Janvier! Ce jour doit être pour nous ce qu'était pour les Athéniens la fête des Plyntéries : un jour de deuil, de silence et de recueillement.

Il y a un an, le 26 janvier 1871, à minuit moins quelques minutes, le feu cessait dans tous nos forts aux brèches béantes et sur toute la ligne de nos avant-postes décimés. Ce silence de mort qui succédait soudainement au grondement continu du canon et au crépitement de la fusillade, détonnant tantôt par coups isolés, tantôt éclatant rapide et furieuse comme un cliquetis d'épées, c'était la reddition de Paris.

II

Les bases de la capitulation avaient été arrêtées à Versailles, dans l'après-midi. On l'ignorait aux grand'gardes, et pourtant, lorsque le feu cessa, chacun comprit que le dernier espoir s'était évanoui avec la fumée de la dernière gargousse brûlée. Chacun sentit alors son cœur se serrer douloureusement. Quelques-uns essuyèrent une larme de rage ; quelques-uns tortillèrent leur moustache d'une main fébrile ; quelques-uns serrèrent convulsivement la poignée de leur épée ou le canon de leur fusil. Puis ce fut tout. On garda le silence de l'abattement.

Tous cependant, nous avions vu de mois en mois, de jour en jour, diminuer nos chances de victoire. Nous ne nous dissimulions pas qu'à l'heure présente tout espoir n'était plus qu'une généreuse chimère. Depuis la bataille de Champigny, on ne pouvait plus raisonnablement compter sur le succès d'une sortie tentée par Paris; — aux yeux de tous les hommes de guerre, l'affaire de Buzenval, qui fut pourtant nécessaire, était perdue d'avance, — et les récentes nouvelles venues de province montraient que si, pour se délivrer, Paris ne pouvait plus compter sur lui-même, il pouvait encore moins compter sur les armées de secours, vaincues et dispersées. L'héroïque Bourbaki était acculé à la frontière suisse. Chanzy, non moins héroïque mais combattant encore pour la victoire tandis que Bourbaki ne combattait plus que pour la mort, Chanzy qui depuis deux mois disputait le terrain pied à pied, s'efforçant toujours de tirer ce dernier coup de canon qui, selon le mot du bailli de Suffren, « peut tuer l'ennemi », Chanzy voyait, après la bataille du Mans, ses troupes rejetées sur la Mayenne. La perte de la bataille de Saint-Quentin, où nos soldats avaient combattu une journée entière après trois jours de marche forcée, obligeait Faidherbe à se réfugier sous les murs des places du Nord. L'invasion se faisait tache d'huile et s'étendait chaque jour davantage sur la France. Les armées en formation dans les camps n'avaient ni armes, ni équipement, ni officiers. Enfin, nous savions qu'à Paris allait man-

quer le pain de la famine, ce pain de riz, de fécule,
d'avoine, de sciure où il n'y avait que dix pour cent
de blé.

Avec cette connaissance de la situation dans toute
son horreur, le patriotisme, si exalté qu'il fût chez
beaucoup d'entre nous, ne pouvait pas même nous
donner des rêves d'espérance. Nous disions seulement, comme M. de Bismarck, mais avec un tout
autre sentiment : C'est une question de temps. Les
tranchées, les cantonnements et les forts étaient
devenus pour nous la cellule du condamné à mort,
qui tout certain qu'il soit de mourir dans les trois
jours, caresse cependant un espoir chimérique
jusqu'au pied de l'échafaud. Lorsqu'on ouvre son
cachot pour le conduire au supplice, si préparé qu'il
soit à l'idée de sa mort prochaine, il ne peut s'empêcher de murmurer : Déjà ! De même, dans l'armée,
si préparé qu'on fût par l'évidence des faits, à l'idée
de la capitulation, on ne put s'empêcher de penser :
Déjà ! Mais il n'y eut parmi nous aucune récrimi-
nation contre la prétendue impéritie des chefs, aucune de ces absurdes accusations de trahison qui
viennent si souvent à la bouche des Français vaincus. On ne s'en prit qu'à la Fatalité, et l'on se courba
sous sa toute-puisssance.

III

On ne peut exiger d'une population de se vouer
tout entière à la mort par la famine; on ne peut
lui demander de s'ensevelir vivante dans un tombeau.
Il y a des exemples de villes prises d'assaut dont les
défenseurs se font tuer jusqu'au dernier sur la brèche
ouverte; il n'y a pas d'exemples de villes réduites
à la famine dont les habitants se résolvent à mourir
dans les lentes tortures de la faim. On parle souvent
de la défense de Saragosse. Si les Prussiens avaient
pris les forts et forcé l'enceinte continue, il n'est pas
douteux que les Parisiens n'eussent combattu avec
l'intrépidité et l'acharnement des Saragossais. Chaque rue fût devenue un champ de bataille, chaque
maison une citadelle. Mais affamer Paris a semblé
aux Prussiens plus sûr et moins périlleux que de
l'attaquer. Quand Paris n'a plus eu de pain, Paris a ca-
pitulé; mais Paris se devait à lui-même de résister jusqu'à la dernière extrémité, et Paris a résisté. Vienne,
Londres, Pétersbourg, Berlin, New-York, Madrid,
Florence, toutes ces villes qui devant Paris ne
se sentaient pas des capitales, et qui ont applaudi à
sa chute comme on applaudit à la chute d'un domi-
nateur, croyaient que Paris tiendrait quinze jours,
— le temps de manquer de fraises, disait-on.— Paris

a tenu vingt semaines, — le temps de manquer de pain. — Paris est tombé, mais son honneur est resté debout.

Tous ceux que renfermait Paris ont fait leur devoir. La population non combattante, — les bouches inutiles, — a été sublime de courage et de stoïcisme devant le froid, la faim et le bombardement. Les combattants de l'armée, de la marine, de la mobile et de la garde nationale de marche se sont vaillamment battus. S'il y a eu parfois des défaillances excusables chez de jeunes troupes, il y a eu dans la défense de Paris des traits héroïques qui méritent d'être cités par l'histoire militaire. Connaît-on l'attaque acharnée du mur de Villiers, où 16 officiers sur 18 et 311 hommes sur 600 furent mis hors de combat? Connaît-on la retraite de Cœuilly, où le 35e de ligne ayant perdu dans un combat furieux la moitié de son effectif se retira, sous un feu croisé, par échelons, à pas comptés, comme à l'exercice? Au Bourget, défendu par le 128e de ligne, les 12e et 14e mobiles de la Seine, la garde royale dut enlever le village maison par maison, en cheminant à travers les murailles. La défense de la ferme de Chevilly par cent dix hommes, sous les ordres du commandant Algan, vaut les plus beaux épisodes de l'immortel combat de Bazeilles. Entourés par deux bataillons ennemis, ces braves du 35e et du

42e, — deux régiments qui, par parenthèse, ont renouvelé trois fois leur effectif pendant les cinq mois du siège, — font un feu terrible par les meurtrières et les fenêtres. Les abords de la ferme sont jonchés de cadavres ennemis. Peu à peu le feu faiblit, car les défenseurs tombent aussi, et les survivants ménagent les cartouches. Les Prussiens reprennent courage, s'avancent, mettent le feu à la ferme, brisent la grande porte et s'élancent dans la cour. Ce qui reste des Français les charge à la baïonnette et les chasse hors des murs. Cependant l'incendie achève son œuvre. Ces héros se rendent enfin. Mais quand on compte ces cent dix hommes, on n'en trouve que quinze debout.

Au fort de Montrouge, un marin horriblement blessé dit à un officier : « Mon commandant, ai-je fait mon devoir? — Plus que ton devoir. — Alors, je peux crever. » A Clamart, dans une reconnaissance journalière, une sentinelle détachée pour surveiller un mouvement possible des petits postes ennemis, engage le feu à 100 mètres avec un peloton de Bavarois et meurt à son poste. Quand la petite troupe que ce soldat avait avertie et sauvée arriva pour le secourir, il avait le bras cassé, deux blessures aux cuisses et une balle dans la tête. En avant de la porte de Longboyau, une trentaine d'artilleurs, de chasseurs, de soldats de la ligne, ralliés autour d'une pièce de quatre, livrent un furieux combat à plus de deux compagnies prussiennes. Pendant une heure, on se fusilla presque à bout portant et on se tua à coups de baïonnette. Parmi ces trente vaillants hommes, le trompette d'artillerie Huguet resta à cheval et combattit avec trois balles dans le corps. Il ne tomba que pour mourir, — quand le combat fut fini.

Enfin, Paris comme ville, et les Parisiens comme individus, ont donné de grands exemples de patriotisme. Quel plus grand exemple légué à l'avenir que ce champ de bataille de Buzenval avec les cadavres de ces trois hommes, qui tous trois, par leur âge ou leur situation, étaient dispensés de tout service militaire : le marquis de Coriolis, âgé de soixante-cinq ans, tué soldat au 17ᵉ bataillon de marche; Gustave Lambert, ancien officier de marine, explorateur du Pôle Nord, tué caporal au 42ᵉ régiment de ligne; Henri Regnault, tué soldat au 69ᵉ bataillon de marche!

IV

Trois jours après la suspension d'armes, la plus
dure épreuve nous était réservée. Le 29, à dix
heures du matin, il fallut évacuer les forts et les
avant-postes. A peine abandonnait-on les cantonnements qu'on vit déboucher des tranchées ennemies,
comme de longs serpents noirs, les colonnes prussiennes. Nous n'étions pas en retard, mais les Allemands étaient en avance. Ils avaient hâte de jouir
de leur triomphe et de pénétrer l'arme au bras dans
ces retranchements qu'ils n'avaient jamais voulu aborder la baïonnette en avant. Et nous avions nos fusils,
et nos cartouchières regorgeaient; et nous abandon-
nions notre poste, et nous fuyions devant eux. Ceux
qui ont vu cela gardent au cœur une haine impérissable.

Nous rentrâmes à Paris par la barrière d'Italie,
soldats de la ligne, mobiles de province, marins du
fort de Montrouge. La veille, un des commandants, désespéré, le capitaine de frégate de Larret-Lamalignie,
s'était coupé la gorge d'un coup de rasoir. La ligne et
la mobile avaient gardé leurs armes qui ne devaient être rendues que dans Paris. Les marins
avaient laissé les leurs au fort; et les officiers de
marine, bien qu'ils fussent autorisés par une clause

de la convention à conserver leurs armes, avaien‘
dans un sentiment magnanime jeté leurs épées et
leurs revolvers avec les fusils et-les sabres de leurs
hommes.

Sous une pluie fine, nous marchions en bon ordre.
Les hommes, tristes et fatigués, avaient reformé leurs
rangs, les officiers étaient à leur place, gardant le
silence; et comme, depuis le début du siège, on avait
supprimé pour les troupes à l'avancée toute batterie
et toute sonnerie, on n'entendait que le bruit cadencé
du pas militaire qui s'alourdissait dans la boue faite
de neige fondue. Nous nous croisâmes au mi ieu de
l'avenue d'Italie avec un bataillon de garde na iionale
du quartier qui allait relever des postes aux fortifications. Ses tambours et ses clairons battaient et son-
naient joyeusement la charge; des guidons multico-
lores flottaient au canon des fusils! En face de la maison
disciplinaire du neuvième Secteur, une autre troupe
de gardes nationaux, d'environ cent à deux cents
hommes, forma la haie pour nous regarder passer.
Apercevant les marins désarmés, les gardes nationaux commencèrent à les huer.

« Voyez donc les lâches qui ont rendu leurs armes
comme ils ont rendu leur fort. Lâches! lâches! »

Les marins n'entendaient pas ces immondes in-
sultes : ils pleuraient.

Ces gardes nationaux qui jetaient ainsi l'injure à la

face des soldats et qui appelaient lâches les héros du
fort de Montrouge, étaient ceux-là mêmes qui, huit
jours auparavant, arrivaient ivres à nos tranchées,
qu'ils abandonnaient la nuit venue ; c'étaient ceux-là
qui devaient, quatre mois plus tard, fusiller à cette
place même, devant la maison disciplinaire du neuvième Secteur, les Dominicains de l'ambulance
d'Arcueil, où nos blessés avaient été recueillis sous
le feu de l'ennemi.

On leur avait laissé leurs fusils à ces misérables qui
ne s'en étaient jamais servi ! Ils devaient s'en servir
le 18 mars. Ce jour-là, jour de sang, jour de
malheur, jour de folie, sera un autre anniversaire
néfaste où il faudra aussi couvrir d'un voile funèbre
la statue de la Patrie. Mais sachons oublier le Dix-Huit
Mars qui serait un souvenir stérile, et sachons nous
rappeler le Vingt-Six Janvier dont la douloureuse
commémoration fera des vaincus d'hier d'ardents
combattants pour demain.

26 janvier 1872.

FIN.

TABLE

IMPRIMERIE CENTRALE DES CHEMINS DE FER. — A. CHAIX ET Cie
RUE BERGÈRE, 20, A PARIS. — 4202-3.